思想教育工作中
师生成长共同体研究

张萌 孙越 著

九州出版社
JIUZHOUPRESS

图书在版编目（CIP）数据

思想教育工作中师生成长共同体研究 / 张萌，孙越
著. -- 北京：九州出版社，2021.7
ISBN 978-7-5225-0380-6

Ⅰ．①思… Ⅱ．①张… ②孙… Ⅲ．①高等学校－思
想政治教育－研究－中国 Ⅳ．①G641

中国版本图书馆CIP数据核字(2021)第167162号

思想教育工作中师生成长共同体研究

作　　者	张 萌 孙 越 著
责任编辑	曹 环
出版发行	九州出版社
地　　址	北京市西城区阜外大街甲 35 号 (100037)
发行电话	(010)68992190/3/5/6
网　　址	www.jiuzhoupress.com
印　　刷	北京旺都印务有限公司
开　　本	787 毫米 ×1092 毫米　　16 开
印　　张	7.25
字　　数	120 千字
版　　次	2021 年 8 月第 1 版
印　　次	2021 年 8 月第 1 次印刷
书　　号	ISBN 978-7-5225-0380-6
定　　价	78.00 元

在现代社会中，大学生的个性、思想、价值取向等方面均呈现出许多新的特征，给高等院校大学生思想政治教育带来了较大的挑战。大学生思想政治教育如何进一步落实"立德树人"的根本任务是一个亟须解决的问题，迫切需要教师加快与学生共同成长以适应学生成长中出现的新情况、新问题。思想政治教育师生成长共同体是一个教育活动组织，通过共享资源和师生之间积极互动，在思想政治教育过程中激发双方的有效互动学习。在高校教师和学生的共同成长模式中，两者需要共同承担相应的责任。教师可通过与学生进行深入和全面的交流获得启发，同时学生能够通过与教师的交流更好地接受教育。教师给学生们的引导要注重知识与责任的重要性，而学生通过接受教育，不仅仅是获得文化知识，更重要的是能够汲取到成长的经验。

鉴于此，笔者撰写了《思想教育工作中师生成长共同体研究》一书，在内容上共设置五章：第一章以思想教育的内涵、规律为切入点，诠释思想教育的基本理论；第二、三章是思想教育教学与师生共同发展观，内容涵盖思想教育教学的目标观与方法观、思想教育教学的评价观与反思观、思想教育师生关系价值观、思想教育师生交往方法观；第四章分析师生成长共同体的建设与实施，内容包括师生成长共同体及其构建、师生教学共同体的运作、师生管理共同体的实施；第五章通过对学生发展方向与目标、教师发展途径与策略的解读，探讨师生发展方向与途径。

本书内容新颖、条理清晰，在撰写中特别注意结合思想教育教学与师生成长共同体的理论，具有很强的实用性，力图促进高校思想教育师生的专业化发展，同时也为从事高校教学的工作人员提供借鉴。

笔者在撰写本书的过程中，得到了许多专家学者的帮助和指导，在此表示诚挚的谢意。由于笔者水平有限，加之时间仓促，书中所涉及的内容难免有疏漏之处，希望各位读者多提宝贵意见，以便笔者进一步修改，使之更加完善。

作者

2020年12月

目录

CONTENTS

第一章

思想教育理论剖析

> 思想教育归根结底是有意识、有系统地进行世界观、方法论教育，是培养和发展受教育者反映客观世界的思想观念和认识能力的教育活动。本章重点探讨思想教育的内涵、思想教育的规律以及思想教育的异化。

第一节　思想教育的内涵

一、思想教育的本质

思想教育着重解决主观与客观相符合的问题，除此之外，还要解决主观如何符合客观的问题，这一问题影响着正确思想观念的形成，同时，主观如何符合客观的问题也是提高人们认识能力的问题。主观是客观的反映，如果主观认识想要正确地反映客观世界，那么，就要形成反映客观世界的思想观念，同时，还要不断提升对客观世界的认识能力。因此，思想教育的本质，其实就是提高人的思想认识的教育活动，是提高人们主观反映客观的认识能力和认识水平的教育活动，是认知性教育活动。[①]

提高人们的思想认识，最根本的是要加强世界观、方法论教育。世界观是人们对于整个世界的根本看法，方法论是关于认识世界和改造世界的根本方法的理论，是世界观的运用。用世界观去指导认识世界和改造世界就是方法论。人们的世界观和方法论的形成，往往有两种基本途径：一种是自发的途径，另一种是自觉的途径。自发的途径，就是经验的途径，即以个人的直接实践和生活体验为基础，以各种思潮的自发影响为中介，形成个人对世界的感受和根本看法，形成认识世界的方法。这种通过自发途径形成的世界观、方法论，往往具有直观性、素朴性和易变性。自觉的途径，就是教育的途径，即在社会实践的基础上，有选

---

① 王玄武，骆郁廷.思想教育、政治教育、道德教育比较研究[M].武汉：武汉大学出版社，2002.

择、有目的地进行系统的理论教育，使个人逐步地形成一定的世界观和方法论。这种通过理论教育的途径自觉形成的世界观、方法论，往往具有系统性、理论性和稳定性。它对于人们的思想和行为具有根本的、深刻的、持续的影响。思想教育要从根本上提高人们的思想认识，就必须引导人们学习理论，形成一定的世界观、方法论。

二、思想教育的目的

思想教育即世界观、人生观、价值观教育以及思维方式的教育，其中价值观教育是核心。西方在这方面曾有一些激进的理论，即让教师保持中立，只培养学生的思维、选择和评价能力，现在则趋向折中。其实，著名教育家杜威就明确反对非此即彼的教育哲学，其所谓民主主义的教育也非常强调成人经验对学生的指导性，只不过这些经验用于教育时应符合两条标准：一是连续性，二是交互作用（外在经验与内在主体因素的统一）。

我国的思想教育从目的上讲，既要让学生在科学的世界观的基础上掌握实在的价值观，又要学会科学的思想方法，最终实现科学的世界观、正确的人生观、进步的价值观和价值思维能力的统一，并在这种统一中体现社会要求与个人发展的一致。

从社会要求方面看，我国思想教育主要体现在三方面：一是强调树立辩证唯物主义和历史唯物主义的世界观，这一点在我国教育的重要文献中得到一贯重视，因为科学的世界观是合理的价值观、政治观和道德观的基础。二是强调以集体主义为核心的价值观教育，以坚持正确的价值导向。基于人的社会本质，只有在集体中，个人才能获得全面发展其才能的手段，换言之，只有在集体中才能有个人自由。我国主张的集体主义，是立足于人的社会性、我国的所有制结构和我国革命与建设的传统，并在对个人主义进行比较、反思的基础上形成的，它随着时代条件的变化逐步完善并日益健康合理，因此成为我国思想道德建设和思想教育的重要原则和内容。三是进行与社会主义市场经济相适应的价值观念的教育。一定的经济体制需要相应的价值观念做支撑，对于转型过程而言，这些价值观念的社会化程度则是其成功与否的重要制约因素。因此，这一类价值观念的教育近年来日益受到重视。

从个体发展的角度看，我国的思想教育一方面以对广泛性的一般价值观念的认可为基础，向人们展示了广阔的价值选择和评价空间；另一方面则努力教会学生用正确的方法进行价值选择与评价，而不仅仅是对既定价值准则的传授。换言之，体现了我国思想教育目的中社会与个人两方面的要求，因为它既贯彻了党和国家的指导思想，同时又从方法的角度拓宽了主体进行价值选择的可能性。总体而言，思想观点和思想方法是我国思想教育目的的两个主题。

三、思想教育的特性

（一）探索性

思想教育作为求"真"的过程，是一个探索真理、发现真理、认识真理、检验真理、发展真理的过程，是一个在探索中形成和发展真理性认识的过程，因此，思想教育具有强烈的探索性。

真理性的认识是对客观事物本质及其规律的正确反映。要形成真理性的认识，就要坚持解放思想、实事求是的思想路线。解放思想，实事求是，就是要不唯书，不唯上，只唯实，一切从实际出发，在实践中获得反映事物规律性的正确认识。加强思想教育，首先就要加强"解放思想，实事求是"的思想路线的教育，只有这样，才能真正解放思想，一切从实际出发，在实践中探索真理，为获得真理性认识创造先决条件。[1]

此外，思想教育的探索性还体现在将普遍真理和具体实际相结合，站在正确的立场上，以正确的方法、观点对现实的思想问题和实际问题进行分析和解决的过程。因此，思想教育必须贯彻理论联系实际的思想。思想教育的探索性也体现在其具有的创新性上，不仅引导人们认识和掌握已知，更重要的是带领人们探索未知。历史的车轮总是向前的，在新的历史条件下，更应不断引导人们发现新问题、了解新情况、开阔新视野、树立新观念，还要着力培养受教育者的创新精神与能力，鼓励他们不断探索，勇于创新。只有如此，人们才能不断更新观念，跟上时代发展的步伐，走在时代的前列。也只有这样，受教育者才能在探索真理、认识真理、发展真理的过程中获得不竭的源泉。

① 冯刚，王树荫. 思想政治教育研究热点年度发布. 2017[M]. 北京：团结出版社，2018.

（二）理论性

思想教育是将科学抽象后的理论成果作为教育内容传授给受教育者，并力图使受教育者形成理论化的思想体系和思维方式的教育过程。

科学认识的经验层次是以生动的直观反映客体的外部联系或现象，它表现为对科学事实的描述。这是人们关于客体认识的开始，是作为理论学说基础的东西。但它的实际运用总是十分具体而带有局限性的，无论是在内容上还是在方法上都以某种直观性为特征。科学认识的理论层次，是从抽象思维的高度较深刻地反映客体的内在本质或规律性。通过对经验材料进行理性加工、整理，概括出说明客体的理论形式。理论知识是科学认识发展到一定阶段的成果。理论运用具有比较普遍的意义，而理论本身又具有无限发展的可能性。在这一层次，人们借助于思维，能超越经验所提供的东西，达到科学认识的新水平。

科学认识的出发点是感性的具体，经验层次所把握的客观对象是具体的、直观的。要真正认识客体的本质和规律性，必须通过科学的抽象，从感性的具体上升为理性的具体。这种科学抽象的任务在于，把认识的经验水平提高到理论水平，以抽象思维的力量，达到生动直观所不能得到的本质认识，从而深刻地反映客体。科学抽象将客体的本质方面概括出来，形成一个抽象的规定。正因为科学抽象超越了感性的具体，它同时也失去了感性经验的具体性。如果抽象仅仅停留于分析感性经验所无法得出的本质或特性，那又会导致理解客体的片面性。客观真理尽管以理论形态表现出来，但真理总是具体的。因此，抽象知识的形成，是科学认识发展的一个环节，是走向客观真理的必由之路。要建立科学理论，必须克服抽象的片面性，并且使认识重新成为具体的，在深入理解对象的基础上达到新的具体，即理性的具体。在科学认识的理论层次，建立科学理论的方法，就是"从抽象到具体"的方法。具体之所以具体，因为它是许多规定的综合，因而是多样性的统一。因此它在思维中表现为综合的过程，表现为结果，而不是表现为起点……抽象的规定在思维过程中导致具体的再现。

科学认识开始于感性的具体，通过抽象的途径，最后达到理性的具体。理性具体不是向感性具体的简单复归，而是高于出发点的认识的深化。在理论层次上，客体以理论的形式完整地、具体地再现于思维中。客观对象都是具体的，真理也是具体的，作为理性具体的理论知识，是人们对客观的、具体的对象的真理性认识，是抽象和具体的统一。

思想教育的重要目的之一是引导人们形成正确的世界观和方法论,并以此来指导自身认识和改造世界的活动。因此,必须要在纷繁复杂的经验事实与具体科学中抓住普遍特征,探寻普遍规律。一方面,要从庞杂的事物和现象中区分出主要和次要、本质和非本质的东西,继而把握其中主要和本质的东西;另一方面,要从整体上认识事物,将事物中被分解的各部分和各要素再联系起来,但这种联系不是简单地相加,更不能随意拼凑,而是要按照事物内部的规律将其有机地统一为一个整体进行认识与分析,并将整个事物在思维中再现。

思想教育的内容必须来源于实践,是经过科学抽象的理论成果。它能够客观反映出社会,还能够通过表象反映出事物的本质属性和内在规律,是具有一定普遍性的理论。思想教育内容依据科学知识和客观事实,但是并不局限于具体科学成果,而是对具体科学成果进行总结概括,是从特殊看一般、从局部看整体、从有限推无限的过程,将科学成果和客观事实连贯起来思考,将教育从经验层次上升到理论层次,实现了从感性到理性的飞跃。

（三）系统性

思想教育是一个完整的科学体系,不是将零散的事实和理论进行随意的堆砌;思想教育是一整套具有完整性和一贯性的立场、观点与方法,而不是机械地拼凑个别原理。思想教育的系统性体现为各理论组成部分之间存在的相互联系、相互依存的关系,还体现为每个理论组成部分中每个原理之间紧密联系、不可分割的关系。每一个组成部分都从属于理论整体,而不能代替整体。

要领会和把握思想教育内容的整体性、系统性,就必须将其中的每一条原理历史地同其他原理联系起来,同具体的历史经验联系起来并加以考察。历史地考察,即将每一个原理同它产生的历史条件联系起来加以考察,从而确定每个原理一定的适用范围。如普遍原理是研究自然、社会和思维发展的普遍规律,研究资本主义和社会主义发展的普遍规律后抽象概括出来的,具有普遍有效性。对这一类普遍原理,要历史地考察,就是要了解它借以产生的科学成果和社会发展材料。在运用这一类普遍原理时,要把它同新的科学研究、社会生活的新发展结合起来,在发挥它的指导作用的同时,丰富和发展它。这就是说,即使是普遍原理也并非终极真理。而个别原理、特殊原理都是以普遍原理为指导的,观察和解决某一历史时期的某一类问题或某一个问题而产生的,其适用范围更加有限。

因此，在学习和运用这一类原理时，必须同具体的历史条件、具体的历史经验、当前面临的认识对象的状况结合起来。历史条件决定每一条原理的适用范围，是因为任何事物（任何对象）的存在、发展都是有条件的。条件变了，事物自身也必然发生变化。在这种情况下，原来的不再适用或不完全适用，需要重新认识新的对象或新的特点，从而创立新的原理或修正原来的原理。

思想教育的整体性、系统性还表现在各个原理之间存在着密切的联系，各个原理不是孤立的、绝对的观念，而只是整个理论体系的一个部分，一个环节。因而，在进行思想教育时，应当系统地引导受教育者完整、准确地理解和掌握个别原理同其他原理及整个理论体系的相互关系。不能把个别原理孤立地抽象出来，割裂它同其他原理及整个理论体系的联系。否则，就会导致片面化、绝对化，就不可能把握理论教育内容的精神实质。

（四）渐进性

思想教育符合人们认识事物的规律，是一个循序渐进的过程。世界和其变化发展是无限的，人类对世界的认识也是无限的。有限和无限是两个存在于联系中的对立面，相互依存、相互渗透，而人类认识世界的过程也是从有限到无限的。因此，思想教育必须随着世界的进步和历史的发展而变化，不能停留在某一阶段，要不断丰富和更新内容，在继承的基础上寻求创新与发展。感性认识是人类思想认识的初级阶段，所反映的是事物的现象。相比感性认识，理性认识则是思想认识的高级阶段，所反映的是事物的本质。思想教育恰是感性认识上升为理性认识的过程，只有循序渐进地引导人们从感性认识上升到理性认识，才能使人们由浅入深、由现象到本质地认识客观事物及其发展规律。

（五）先导性

相对于政治教育、道德教育而言，思想教育具有先导作用。采取怎样的世界观和方法论决定了其他教育的指导思想及内容选择，也决定了其所使用的方法及取得的成效。例如，道德教育必须充分发挥个人和集团在意志方面的功能和作用，然而，主体的意志又是在社会生活中，并且是受着社会生活变迁所影响的，只有顺应社会发展必然的意志，才是具有活力或旺盛生命力的意志，或称为自由的意志；而背离社会发展方向的意志，只能成为被时代所抛弃的意志。所以，在进行社会利益关系的道德思考和调解，或进行道德意志的实践时，都不能不在道德生活的外部必然性与意志自由的关联中做出选择。

第二节 思想教育的规律

想要深化思想教育学研究，就必须多从哲学的层面看待思想教育活动，多对思想教育的各种现象进行哲学追问，用哲学的思想来解读思想教育的内在规律。这既是思想教育理论的核心问题，也是思想教育工作者与研究者的责任。

一、思想教育规律的认知

规律问题是哲学中的深层问题，从来哲学家都重视对规律问题的探讨，规律与本质是同一序列的。规律即关系，是事物内在的、本质的、必然的、稳定的关系。规律是本质的关系或本质之间的关系，既是事物内部诸要素的本质联系，也是事物之间的本质联系。简言之，规律即法则，是事物发展过程所固有的，反映了事物发展过程中的本质联系与必然趋势，即反映事物的横向联系与纵向发展的必然性。

思想教育作为一种客观运动而存在，有其自身的本质与规律。思想教育规律是指思想教育作为一种社会活动过程中各要素之间的本质联系与必然趋势，是思想教育活动中所固有的，而且始终起作用的客观存在。思想教育规律是一个复杂的体系。教育者地位再高，才智再好，都毫无例外地受规律制约，遵守规律是教育有效的必要条件。

思想教育规律是由思想教育的本质决定的，是一种本质的现象。思想教育活动是人的活动，思想教育的对象是人，思想教育的本质是促进人的和谐和发展；人的活动是思想教育活动的全部，思想教育规律不是外在的人的活动，因此只有用对人的理解方式来理解思想教育活动规律，才能达到科学的境界。同时，思想教育规律是受社会环境所支配的，受大系统背景所制约的。

思想教育是人类认识世界和改造世界的一种理性活动，其规律也是人类把握世界的一种基本方式。因为思想教育是一种认识，也是一种实践，所以规律在实践中产生、在实践中认识，实践是规律把握的关键，规律的认识也是为了指导实践。规律不是自由的对立面，自由是规律的自觉，认识到必然就是自由。

（一）思想教育规律的特性

1.客观性

首先，思想教育规律是思想教育及其过程本身所固有的，不是强加的，是不以教育者的意志为转移的，不管教育者是否认识它，是否能把握住它，它都是客观存在的。其次，规律的内涵是客观的，规律的作用也是客观的，是在我们意识之外独立存在并起作用的。思想教育规律也是不管教育者是否意识到都在起作用的。最后，由于社会特别是思想意识领域存在着非线性、无序性、混沌性现象，因此规律及其作用也是非线性存在，表现为运用规律中的随机性与选择性、娴熟性和灵活性。因此，从认识论角度上讲，规律也是主观的，因为规律的认识过程是主观的，规律的表现形式也是主观的，但不能改变其客观性的本质特征。

2.普遍性

思想教育规律是普遍存在的，也是在普遍起作用的，只要有思想教育存在并运动，就有规律存在并发生作用。换言之，思想教育规律存在于一切思想教育活动之中，也贯穿于整个思想教育发展的过程之中，虽然思想教育存在形态、时期、阶段的不同，但都有思想教育规律在起作用，这是由思想教育内在和外在矛盾的普遍性决定的。

3.应然性

思想教育规律不仅反映本质关系，而且反映必然联系。尽管规律可能只是隐性存在，还未被发现，未受尊重，但它仍具有应然性。尽管有背离规律的思想教育存在的可能，但无视规律和违背规律就必然会受到惩罚。思想教育规律有其特殊性。教育的对象是人，教育规律不只是反映已然性，还反映应然性，不只是对现有的认识，还包括对未来的预见，因此有更强的规律认识的弹性区和更大的规律运用的灵活度。

（二）思想教育规律的划分

思想教育规律是一个体系，具有系统性的特征，不能把不同层次的规律放在一起，淡化思想教育规律的体系性特征是规律认识上的问题。

（1）思想教育规律有基本规律和具体规律之分。基本规律是根源于思想教育，基本矛盾运动是存在于一切思想教育活动之中，贯穿于思想教育发展过程之中的规律；具体规律是反映各种不同内在矛盾的内在联系，反映不同时期、不同领域、不同教育对象、不同教育过程的规律。

（2）思想教育规律有一般规律和特殊规律之分。一般规律反映的是规律的共性，但不应停留在对思想教育规律的一般性认识上，因为规律总是与实践活动紧密联系在一起的，而思想教育实践活动是各有其特殊性的，因此直接起作用的是特殊规律。

（3）思想教育规律有内部规律和外部规律之分。内部规律是指思想教育系统内部诸要素及与子系统的本质关系和发展趋势，外部规律是指思想教育与社会大系统包括政治、经济、文化教育的本质关系及其发展趋势。

（4）思想教育规律有认识性规律、运行性规律和预见性规律之分。认识性规律指的是思想教育内在要素的本质与关系的认识规律，以要素之间关系与组合方式的合理性为依据；运行性规律指的是思想教育实践活动过程中的运行规律，以有效性为依据；预见性规律，指的是已有的思想教育的历史演变规律与将要出现的发展趋势规律，前是梳理，后是预测。

具体而言，思想教育规律包括：人的思想形成发展规律，关于思想教育的本质地位的规律，关于施教运行的规律，关于思想教育功能价值的规律，关于历史发展过程、趋势的规律，关于教育异化的扬弃规律等。

（三）思想教育规律的维度

思想教育者要使自己的教育富有成效，就要在认识规律与运用规律两个维度上努力。

1.规律存在的条件

思想教育规律存在于思想教育的各要素，即教体、受体、环体、介体四者之间的关系与矛盾之中。思想教育规律是这些关系与矛盾的本质的抽象，没有各要素之间的关系与矛盾的存在，就不会有规律存在。辩证法告诉我们，矛盾是事物运动变化的根据，而运动是规律存在的条件。

（1）思想教育规律存在于思想教育活动过程之中。思想教育规律所反映的是思想教育活动的过程与趋势。思想教育过程是各种矛盾的统一体，规律是思想教育活动过程的内在存在，而非外在存在，它产生于、依附于、作用于思想教育活动过程之中，包括施教过程、受教过程之中，教与受的相互作用过程之中，认识世界、改造世界的过程之中。规律是与这些活动紧密地联系在一起的，离开活动过程，无规律可言，规律也无从依存。

（2）思想教育规律存在于开放性的体系之中。思想教育是为社会发展服务的，具有鲜明的社会性特点，因此，思想教育规律体系应该是一个开放性的体系，具有与其他学科如教育学、政治学、心理学、传播学、美学等的关联性，具有与社会政治、经济、文化生活的相关性。

（3）思想教育规律的正确认识只能存在于对人的完善与发展需要的认识之中。因为思想教育的对象是人，思想教育是服务于人的发展的，思想教育规律的认识只能基于对人的正确认识，离开了对人的正确认识，仅仅从政治视角或经济视角去认识和把握思想教育的规律，是很难认识到位的。

2.规律认识是基础

思想教育活动是人的活动，思想教育的规律是人的活动的规律，思想教育规律的作用决定于人们对规律的认识状态，因而，思想教育规律的认识具有基础性价值，具有深层性、科学性的要求。

（1）规律是可以认识的。思想教育规律可能是深层的、隐蔽的，也可能是在变化的、发展的，而规律是可以为人们所认识的，因此，不应陷入规律神秘性的误区。今天研究它，只是为了科学地认识它，只有正确认识的规律才是科学的规律。

（2）规律的认识有赖于实践。"实践出真知"，只有勇于到思想教育实践中去，才能真正认识与把握思想教育的规律。实践是规律认识的必要条件，实践出真知，科学认识源于实践，只有在实践中才能使认识深化，并得到验证。

（3）规律的认识是一个过程。思想教育规律的认识只能是一个逐步深化的过程：一是因为思想教育本身总是处于发展过程之中，因而对其规律的认识也只能是一个认识不断深化的过程；二是因为思想教育规律的认识受时空、主体、背景等多种因素的影响，因而有可能存在规律认识的差异性，影响思想教育的实践活动，只能在认识过程中不断完善自我。

3.规律运用是根本

规律的价值在于应用于思想教育的实践活动中。规律具有自在性，规律的作用具有对人的活动的依赖性，只有在思想教育的实践活动中才能充分发挥科学规律的本原作用。

（1）尊重规律、遵循规律是运用规律的前提。规律对活动有制约作用。思想教育规律对思想教育活动的运行方向、运行过程具有制约性，要克服思想教育规律运用中的主观随意性，要恪守规律运用的严肃性和科学性。

（2）要充分发挥规律运用中的主观能动性。规律的客观性不排除教育者的主动性在规律运用中的价值，两者是辩证统一的。而且，规律具有非线性、自组织性，有一定的弹性、可微缩性、可伸展性，所以，规律运用本身也是一种艺术。

（四）思想教育规律的价值

中共中央在《关于加强和改进思想政治工作的若干意见》中明确指出，要"努力探索新形势下加强和改进思想政治工作的规律和方法"。这说明加强和改进思想政治工作首先要在认识规律、运用规律上做准备，这是加强和改善思想政治教育的着力点所在，也是加强和改善思想政治教育的努力方向，这是思想道德教育者的基本责任，也是应有的基本功。而规律越是重要，对规律的认识与讨论也就越有必要。我们不能每天都在重复自己的劳动，而不知道规律，如果这样，那我们所进行的劳动只是机械的劳动、盲目的劳动、不负责任的劳动。研究思想教育规律具有重要的理论意义与现实意义。具体如下：

（1）可以提升思想教育的科学性。对自身的思想教育活动善于做规律把握，即对思想教育善于做科学追问，才能保证思想教育的科学品位，才能顺利实现思想教育科学理论体系的现代性转换。我们不能认为思想教育都只是教育者的一种主观意愿性行为，思想教育活动应该自觉地接受规律的导向与规律的制约，只有对思想教育规律的正确认识与灵活运用，才能保证思想道德教育的科学性。

（2）可以提高思想教育实践的有效性。规律的正确认识与科学运用是思想教育有效性的基础性条件。思想教育规律的认识在思想教育实践活动中具有广泛的应用意义，规律的认识与教育的努力与有效性往往成正比。规律的认识可以避免因教育的主观随意性而造成的失偏、失误，可以提升教育水平，提高教育对现实的契合度，从而提升教育的有效性。

（3）可以增强思想教育的预见性和主动性。规律是对必然性的认识。对思想教育规律的认识可以提升对思想问题的产生、发展的预见能力，可以取得思想教育的主动权，使思想教育处于主动地位。

（4）可以增加思想教育的自由度。思想教育不应是一种外制约，而应是一种内自由，不是一种受命所为，而是一种自身需要，而思想教育的自由度只能来自对思想教育规律的认识，只有正确认识它，充分尊重它，才能进入思想教育的自由境界，真正使思想教育成为本体性行为，而不是工具性行为。

二、思想教育基本规律

基本规律是客观事物之间或事物诸要素之间内在联系及其基本矛盾运动的必然趋势。思想教育的基本规律是指思想教育活动中内在的、本质的、必然的联系，是最高层次的规律，它涵括了各种具体规律，并影响其他规律的存在与发展。思想教育的基本规律是主导性规律，反映了思想教育的性质，规定了思想教育的方向，是贯穿思想教育整个过程的规律。

对思想教育基本规律的揭示，对于思想教育不只有深刻的理论指导意义，更有丰富的实践应用价值，是思想政治教育学理论体系的核心。准确认识思想教育的基本规律是思想教育成功的保证，在外部环境复杂、现实挑战严峻的情况下，正确认识与运用思想教育的基本规律尤为必要。

（一）思想教育基本规律的界定

思想教育的基本规律是，思想教育应适应于服务社会发展需要和适应于服务受教育者个人发展需要相统一的规律。这个界定包含四方面。

（1）双要求，既要"适应"，又要"服务"，不能只是消极的"适应"，更要做积极的"服务"，反映思想教育的责任主动。例如，"适应"与"超越"，"服从"与"服务"，也都注意到要求的非单一性。

（2）双层面，即"现状"层面与"需要"层面。既要对个人与社会的现状保持最佳适应，又要为个人与社会的需要提供最佳服务；既要面向现实，也要面向未来。

（3）双对象，即"社会"与"个人"，既要适应于服务"社会"，又要适应于服务"个人"。这反映了近些年来思想教育的社会本位、人本位的双值取向。社会发展需要与人的发展需要，不都是对立的，但却是不平衡的，社会发展需要有人们的非理解性、不自觉性，而个人发展需要有非现实性，与他人需要的冲突性，思想教育就是要把这两者统一起来。

（4）双和谐，即教育需要与社会发展相和谐，也需要与人的发展相和谐，即教育、个人、社会三者之间的立体和谐。教育与受教者受教需要，与社会施教需要以及施教需要与受教需要之间存在非一致性，这就构成了思想教育的内在基本矛盾。

（5）双维度，即包括教育要契合人心和契合时势两个维度。思想教育要成功必须寻找与人心、与时势的契合点。

这个基本规律的界定涵盖了教育者、受教育者和社会环境三大基本要素，反映了三者之间的辩证关系，反映了教育者的适应与服务的双重要求，反映了对社会与对受教育者的双向责任，否则就会出现三者之间的矛盾。教育者的施教需要是根据社会发展需要与受教育者受教需要两个因素来判断的。社会发展需要不仅应包括社会现实需要，还应维护现有与呼唤应有，如政治文明需要、经济繁荣需要、国家强大需要、社会和谐需要等。思想教育者要登高望远，为社会发展服务。受教育者的受教需要所体现的是个人发展需要，是个人发展需要决定其受教意愿，包括受教育者自我意识到的受教需要与尚未意识到的受教需要，即受教者自觉的受教需要与教育者认定的受教需要两个层面。

这个基本规律的界定反映了思想政治教育基本矛盾的各方面及其发展趋势。在思想教育活动中的基本矛盾是教育、社会需要、受教需要之间的矛盾，涉及各方面，如社会发展需要与个人受教需要之间的非一致性，现实需要与未来需要的差别性，个人之间受教需要的差异性。

这个基本规律的界定反映了需要是基本规律的中心纽带。基本规律贯穿于思想教育的全过程，存在于各方面。这个基本规律的界定所反映的正是需要，是联系施教者、受教者、社会的基本纽带。而教育者的责任是使个人需要与社会需要双向和谐，也是个人受教需要与社会施教需要的吻合，思想教育要使社会需要与个人需要得到双向的满足。这个基本规律的界定是对思想教育规律体系的最高概括，处于最高地位，它决定思想教育的本质与方向，它制约着具体规律的运行状态与实现程度。

（二）思想教育基本规律的特性

思想教育基本规律自身的特性具体如下：

（1）支配性。基本规律是根本，反映了基本矛盾的必然趋势，是诸规律中最高层次的规律；具有主导性地位，制约着其他规律的发展与运用。

（2）普适性。规律既然作为联系与关系存在，就不是一种孤立存在，基本规律更是指具有较大适应面的规律①。

（3）客观性。基本规律的客观性应该是一切唯物主义者的基本常识。基本规律是不以人的意志为转移的，是不能为人所臆造或改变的。它可以为人们所认识、所遵循，但不能为人们所忽视，更不能违背，违背基本规律就会出现思想教育的畸形状态，就会受到惩罚。思想教育者地位再高，愿望再好，都必须尊重基本规律，不能让规律屈从主观随意性。

（4）内在性。基本规律的存在具有一定的内存性，往往隐存于现象之中，不易为人所觉察，需要人们从现象到本质、从具体到抽象地认识，才能把握并运用基本规律。

（5）稳定性。基本规律具有相当的稳定性，是始终存在的，并始终在发生作用的。

（三）思想教育基本规律的认识

（1）基本规律的认定是以思想教育基本矛盾的认定为基础的。思想教育的基本矛盾是期望与现状的矛盾，即社会所期望的思想状况与社会现实的思想状况之间的矛盾，这是实质性层面的矛盾。还表现为施教活动与受教需要之间的矛盾，这是衍生性层面的矛盾，它包含教育者素质与教育任务之间的矛盾，受教育者要求与教育者水平之间的矛盾，思想教育活动与生产、文化活动非协调性的矛盾，教育者评价与受教育者评价、社会评价之间的矛盾。这些矛盾是普遍存在的，是在不断运动的，正是这些矛盾的运转决定了思想教育的活跃，我们所希望的不是一个没有矛盾的世界，而是矛盾的良性运动状态。只有对思想教育的基本

---

① 张世欣.思想教育规律论[M].杭州：浙江大学出版社，2008.

矛盾具有正确认识，才有可能对思想教育的基本规律做出正确认识。

（2）基本规律的认识是以辩证唯物主义和历史唯物主义的规律认识为依据的。辩证唯物主义的否定之否定规律、对立统一规律、量变质变规律三大规律，是自然、社会、思维乃至整个宇宙的一般规律；历史唯物主义之生产力决定生产关系规律，经济基础决定上层建筑规律，这是社会发展的规律。思想教育只是整个社会实践活动的组成部分，因此，思想教育规律的认识必然以辩证唯物主义和历史唯物主义的规律为依据，并受其规律所制约。

（3）基本规律的认识必须从关系研究入手。规律即本质关系，规律存在于关系之中，而关系则在运动过程中存在，关系是互动性、生成性的，因此，基本规律的认识应当从关系研究中去实现。

第二章　思想教育教学与师生共同发展观（一）

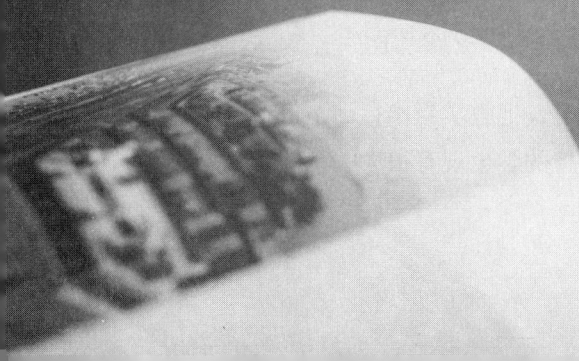

在思想教育教学中，建立良好的师生环境氛围才能促进真正的师生共同发展，而师生环境氛围建立与教师所持的师生关系观密切相关。本章主要围绕思想教育教学的目标观与方法观、思想教育教学的评价观与反思观、思想教育师生关系价值观以及思想教育师生交往方法观展开讨论。

第一节　思想教育教学的目标观与方法观

一、思想教育教学的目标观

教学是具有明确目的性、方向性、组织性、系统性的活动，教学活动有序、良好的进行是以教学目标为核心的。教学目标是教学活动所要达到的标准，如教学过程中掌握知识是重要的教学目标之一，这一目标对教师教的活动和学生学的活动都有重要的影响。每一位教师在从事教学活动时想要使教学活动高效化，都应该明确教学的目标。教学目标观是教师对教学目标所做的理解和认识并由此形成的比较固定的教学目标信念。教师的教学目标观对教学目标的价值选择和教学目标的确立具有直接的影响。

（一）教师的教学目标取向

在教学过程中，一般存在四种教学目标取向：一是任务中心取向；二是知识中心取向；三是自我中心取向；四是学生中心取向。

1.教师的任务中心取向

任务中心取向是教师在教学价值选择时，把教学当作自己不得不完成的一项任务。这种教学目标的价值选择与教师所持的学生观有很大关系，所导致的教学过程中的师生互动关系也具有不同特点。

（1）道具的学生观。道具的学生观对于教师而言，学生只是完成任务的道具，所有学生都以一种抽象的方式存在于教师眼中，教师不能自觉地意识到学生的存在，更不能看到学生的特点。这就会导致在教学过程中，教师缺乏对学生清晰的认识，降低了对学生应有的关注度，学生和教师在课堂教学中缺乏真正交流，教师无法看到学生是否真正掌握了所学知识，是否得到了发展与提升。在这种情况下，即便教师对学生提问，问题也可能是空洞而缺乏针对性的；而即便学生向教师发问，得到的回答也可能是直接的答案，而不是具有启发性的引导。可见，学生的存在就像道具一样，教师的教学更像一种简单、机械的信息发布，内容缺乏真诚与内涵，也不存在真正的互动。通常，这种状态会出现在不得不从事教学工作，但事实上从来没有或已经失去教学热情的教师身上，他们不愿意面对学生，不愿意站在学生的角度思考，对教学工作没有热情使他们对学生的各种表现无动于衷。

（2）尺度的学生观。尺度的学生观指的是将学生作为衡量自身工作的标尺，将学生的满意与否当作自己是否有能力、能否在学校生存的关键指标。这种学生观，似乎与关注学生发展的学生观十分类似，但事实上，实质仍然是以完成工作时间和工作任务为目的，只是关注学生的满意度，因为学生的满意可以使自己较为安稳地度过某一时间段。这种尺度的学生观与道具的学生观相比，在与教师的学生意识相关程度上要高一些，教师在确定教学目标时，学生已经在教师教学价值选择的视野内，被教师看作影响教学目标的重要因素，但这种重要性始终体现于外在，而不是学生自身的发展上。

在教学过程中，由于教师将着眼点放在学生是否满意上，因此，很容易将教学过程演变为与学生建立一种融洽师生关系的过程。通常，这种状态会出现在对教学热情不足但比较在意自尊的教师及新教师身上。在现实生活中，一些人比较在意别人对自己的评价，只有得到别人好的评价才能获取自我满意。具体到教师队伍和教学过程中，教师将学生的满意与否作为维系个人自尊的主要因素，教师会格外看重自己与学生的关系。从表面上看，师生在教学过程中的交流互动很多，但事实上这些交流互动的出发点仅仅是教师的体面，缺乏真诚，在这样的交流互动中，学生能真正获得的东西十分有限。

2.教师的知识中心取向

知识中心取向是教师在教学价值选择时，把知识的传授、学生掌握知识当作教学的终极目标，一切教学活动都是以知识为中心而开展的，舍此别无其他。在知识中心的教学目标价值选择过程中，决定选择的因素有以下两方面。

（1）知识价值观。在人类进入工业时代后，"知识就是力量"的观念成为人们的信仰。在学校的教育教学过程中，知识是教学过程的依托，是重要的媒介物，如果没有知识，那么教学就难以存在，因此，教师比社会中的其他人更看重知识的价值。教师作为知识的拥有者和传播者，角色意识十分突出。许多教师对知识有着强烈的实用主义观念，认为学习一种知识的目的是取得显著的教学效果。比如，在培养和培训中，教师学习教学论，就希望学过后能立刻在课程设计和教学过程中发挥出来，从新手教师迅速成长为优秀教师。

（2）教师的学生观。知识中心的学生观建立在教师已经意识到了学生的存在的基础上，但是在这种观念下，学生的存在是消极的，学生的价值是以容器或器皿的价值，而不是主体价值而存在。这种容器或器皿的学生观是教师教学目标出现取向误差的另一重要因素。在这种教学目标的影响下，最直接的反映就是教育过程的中心和重点是知识而非学生本身。通常，教师认为工作是否完成、完成情况取决于教学过程中知识的传递和接受，知识才是衡量工作的尺度。特别是，在教师进行课堂复盘和反思时，主要考虑的都是知识点讲解是否全面清晰，而不是学生是否通过这堂课获得了成长与发展。为了保证知识能不断灌输给学生，许多教师对学生要求十分严格，要求学生要勤奋刻苦，要将更多时间投入做题、背书等内容上，不断扩大"容器"的容量，但是却不够重视学生在情感、人格、性格等方面的发展。这样的学生观，会导致学生大量机械式学习，使学生在整个求学生涯中都十分被动，没有发挥自己特长与爱好的机会，久而久之就会影响学生的学习热情，使他们不再好奇与求知，抑制了学生在人文道德素质方面的发展，导致学生不能全面发展的结果。

3.教师的自我中心取向

自我中心取向是教师在教学目标的价值选择时，把自我当作中心，教学过程就是教师的自我价值实现的过程，在教学设计及实施过程中，教师是中心，支配着学生的接受过程。

在教师自我中心的价值取向中，教师已经明确意识到了学生的存在，这是因为教师在工作上的成就感通过学生掌握了知识来实现。但是，这种学生观存在一定问题，在这种观念下，学生仅仅是衡量教师工作的工具，因为受到了教师的教育才获得发展，也就是说，学生是被动的而不是主动的个体，因此，这种学生观也被称为受动的学生观。受动的学生观反过来又不断强化教师的自我中心取向，使教师认为学生在自己的影响下取得发展，也就是说，学生的发展情况是由教育者决定的。总体而言，受动的学生观来源于理论与实践，同时又反作用于实践。

从理论上看，教育学在表述学生地位时明确指出，学生是教育的客体又是教育的主体，对于客体的理解比对主体地位的理解更容易一些。而在教育实践过程中，教育者所处的地位和学生的弱势状况又对客体观念产生了强化作用。这种具有理论背景和实践背景的学生观，在教学实践过程中，一定会对教学目标的判断与选择、教学的实施与改进产生极大影响。在师生的日常互动中，教师是主体，是主动的一方，学生是受体，是被动的一方，学生难以从根本上影响教师，但却必须遵守教学管理中一系列严格的纪律和规定。整个教学过程更加关注的是教师的教学设计、备课情况、教学方法等，更加强调教师通过自己的行为使学生接受所传授的知识。

（二）教学目标的涉及领域

1.知识领域

知识领域也称为智力领域，一般人们提及的知识与能力就能够用"知识"一词来概括和诠释，知识领域通常包括以下四个知识群。

（1）学科知识。学生充分掌握学科知识是教育目标中的最基本目标，也是实现素质教育目标的前提和基础。在素质教育开展与实施过程中，根据素质教育对学生发展的要求，学科知识教育的重点要放在对知识的分析、综合和评价上，加强学生对知识的运用能力，即学生学会将所学知识应用于生活实践中，解决在生活中遇到的各种难题，而不是让学生掌握超出要求范围的更多知识。

（2）意会知识。意会知识实际上就是知识经验，有关生活经历、社会背景等方面的知识经验。目前，意会知识教育的发展还不够成熟和完善，各方面存在明显的不足，这也是我国教育发展的弊端之一。意会知识对学生发展具有至关重要的促进作用，此作用具体体现在学生良好的人际关系、创新精神的养成和实践能力的提高等方面，有利于学生学会如何在社会大环境中生存。意会知识教育的途径主要包括举办教育教学活动和社会实践活动，此外，促使学生积极参与有关人际交往的活动等。

（3）能力知识。在学校教育发展的历程中，无论是此行业的教育工作者，还是其他领域的工作人员，都更倾向于将知识与能力作为两个独立的概念来看待，导致学校教育存在知识与能力相对立的问题。基于此，学校将能力知识作为教育目标进行设计，就能有效解决这个问题，学生的能力可以通过多种知识目标的实现来获得和提高。每个学生在不同的学习阶段所掌握的能力知识也各不相同，因此，教师要有针对性地设置教学活动，可以是学科型的教学活动，也可以是探究型的教学活动。

（4）信息知识。随着社会的快速发展以及信息时代的形成，人们需要了解和掌握的知识也逐渐增多，尤其是信息知识。信息知识是有关信息技术与方法的知识，在各学校的信息教育中，信息技术与能力作为一门独立的学科而存在，以往学生掌握信息知识和技能仅通过学科教学实现，这也是传统教育存在的弊端，而现代信息教育早已打破传统教育的局限性和单一性，信息教育的方式方法更加多样化，学生可以主动通过多种不同的信息渠道来掌握知识，而非单向被动地接受教师传授的知识，这既能够提高学生的学习效率，还有助于实现素质教育目标，因此，学校和教师一定要高度重视信息知识的教育。

2.情感领域

情感领域也是非智力因素，近年来，教育界对非智力因素给予了相当的重视，人们发现非智力因素对学生学业成绩及未来成就发挥着十分重要的作用。根据我国教育方针的要求，情感领域可以从心理、思想和品德三方面确定素质教育的目标。

（1）心理素质。心理素质是非智力因素的主要部分，是个体重要的生存能力，是一种发掘情感潜能、运用情感力量影响生活各个层面和人生未来的关键性品质因素。心理素质是个人素质的重要组成部分，心理方面的教育已经越来越引起我国的重视，目前已有不少院校设立了心理辅导室，开展心理健康教育，设计心理方面的教育目标在目前具有特别重要的现实意义。综合现有的研究成果，心理方面的目标可以分为以下几方面。

第一，情绪控制。情绪控制是个人摆脱和消除焦虑状态、控制冲动与愤怒、保持镇静与信心、化解不良情绪的能力，这对人际交往十分重要。情绪控制能力的发展需要一定的心理健康知识，需要在人际交往中锻炼提高。

第二，自我感知。自我感知是对自我优缺点和所处环境的准确感受和把握自我的正确认识，是形成主体意识的重要途径。

第三，自我激励。自我激励是持续保持热情与信心、不断明确目标并专注于目标的一种心理品质，自我激励是个人成功的重要条件。

第四，认知他人。设身处地为他人着想、体谅他人的感受是共同生活的基础，在我国目前情况下，学生们受到太多宠爱，更容易形成这方面的心理缺陷。

第五，人际交往。学生对课业知识过度关注可能影响其人际交往能力的发展，必须帮助学生形成基本的人际交往能力，尤其是对于部分学生的交往障碍，更需要进行相应的矫正，因为任何"卓越"的人才首先应是身心健康的人。

心理素质方面的目标通过师生、同学之间的人际互动、有关心理健康知识的学习，以及个别心理辅导来实现，整个学校的教育活动都是实现心理素质方面目标的途径。

（2）品德。虽然品德属于非智力因素，但实际上品德的测量和评价主要在知识领域内进行，这导致品德教育的目标必然受到智力成分的影响。品德教育与知识教育密切相关，然而，品德教育的目标仅仅通过知识层面来实现是极不可取的，还需要学生积极参与有关品德的多种社会实践活动。总之，品德教育目标的实现需要学科教学、实践活动以及教育管理等方面的共同努力。分解品德教育的目标，主要体现在以下几方面。

第一，公民的意识。公民意识教育就是让学生形成一种自觉的意识，帮助学生在获得有关品德体验的基础上，学会针对不同的情景做出正确的判断。

第二，个人与社会。学生的人际关系是品德教育的重要体现，特别是学生的社会关系，个人与社会关系的处理是学生形成社会责任感的基本前提，这就要求学生对社会形成正确的认知。

第三，自己与他人。个体与他人如何相处是学生"学会生存"的基础，也是品德教育的体现。学生与他人的相处情况能反映出他们的人际关系和心理状况。

二、思想教育教学的方法观

教学方法是教师实现教学目标所采用的工作方式方法的总称。"教有法，但无定法，贵在得法"，一个掌握了有效教学方法的教师，其工作效率是比较高的，可以收到事半功倍的效果，而方法不当，则会事倍功半。教学方法观是教师对教学方法所持的基本看法，对于教师选择教学方法形成自己的教学风格具有重要影响。一般而言，教学方法观包括三项主要内容：一是教师对教学方法重要性的认识，如果教师切实认识到教学方法在实现教学目标中的价值，在教学中会自觉地思考教学方法，选择有效的教学方法；二是教学方法的内容及选择依据的意识，教学方法包括哪些内容教师应该心中有数，应该知道教学方法有哪些种类，每一种教学方法有哪些优缺点、适应范围等，选择教学方法的依据也应明确而不能是盲目的，教师在教学方法选择时清楚了，在执行时才会具有有效性；三是教学方法的效能意识，即对某种方法的使用可能会产生怎样的影响，在教学方法选择时应有所预计，这种预计对于提高教师的积极性有重要影响。

由于教学方法的重要性以及内容等的复杂性，不同时代、不同的教育实践所出现的教学方法观是不同的。

（一）传统教学方法观

1.传统教学方法观的类型

（1）原始启发型的教学方法观。原始启发型的教学方法观在中国以孔子为代表，在西方以苏格拉底为最主要的代表。在中国，启发一词源于孔子的"不愤不启，不悱不发。举一隅而不以三隅反，则不复也"。然后，《学记》中有"君子之教，善喻也"的说法，主张"道而弗牵，强而弗抑，开而弗达"，认为"道而弗牵则和，强而弗抑则易，开而弗达则思"。11世纪，朱熹将启发式教学方法比喻为"时雨化之"，用"指引者，师之功也""示之始而正之于终"，阐明教师启发的作用为引导、指正和释疑，并将孔子的"愤悱"原理解释为"愤者，心求通而未得之意；悱者，口欲言而未能之貌。启，谓工其意；发，谓达其辞"。心求通而未得之意，即学生想弄明白某个道理或有些兴趣，但是却弄不明白；口欲言而未能之貌是指学生想说，但是却说不出来、说不清的情况。孔子主张，在这种情况下，要帮助学生弄清他要弄清的道理，理清其思路，使之能表达清楚。

孔子启发式的条件是"举一隅而不以三隅反，则不复也"，即如果学生不能举一反三，则要另外选择其他的途径。因此，他主张"叩则鸣，不叩则不鸣"，即由学生来问才作答，学生不问则不作答。在西方，古希腊的苏格拉底倡导的"问答法"，是西方启发式教学方法的代表。教师的职能就是帮助学生发现、获得知识，即教师通过向学生提出正反两方面的问题，不断启发学生、引导学生澄清对事物的理解，得出正确的答案。苏格拉底的"问答法"包括四个步骤：①讥讽，即不断地提问使对方自己发现自己认识上的矛盾；②助产，即帮助对方得到问题的正确答案；③归纳，即引导学生从具体事物中找到事物的共性和本质；④把个别事物纳入一般概念。

原始启发式教学方法的思想基础是朴素的人道主义，建立在对他人尊重的基础上。这种方法只适用于一对一的个别教学形式，虽然可以在家庭、学校和社会的任何场所使用，但是它不适用于班级授课，因为不同的主体很难在同一时间达到"愤悱"的状态。就苏格拉底的问答法而言，也很难说许多学生对某一事物的认识处于同一水平，对教师提出的问题做出同样的反应，所以只能是一对一的教学。

（2）注入式教学方法观。在注入式教学方法观的指导下，教师把学生当作接受知识的容器，不顾他们的学习准备情况、理解新知识的能力和学习的兴趣，用强制的方法向学生灌输知识，并要求他们死记硬背。注入式的教学方法观在中国的历史上也一直处于主流地位。

注入式教学方法观的特点包括：①从教学关系的角度看，教师在教学中的主导作用被夸张放大，否认学生在教学中的主体地位，片面强调教学关系就是主体和客体的关系；②片面注重学生的学业成绩，而忽视学生其他方面的培养，比如，情感态度、思想品德、优势特征和综合能力等方面，也就是说，教学目的过于单一，仅仅是让学生掌握更多的理论知识，事实上，社会发展对人才的需求是全面发展的复合型人才；③在教学方法上，教师的教学方法过于陈旧和单一，要求学生通过死记硬背的方式来掌握知识，并不懂得如何启发和指导学生学习，更不懂得通过教会学生学习方法，更有利于他们掌握和理解知识；④教师与学生之间的关系形成一种主动传授和被动接受的关系，在整个教学过程中，教师始终扮演着传授者、决定者和主导者的角色，而学生一直处于被动的状态，完全听从老师的决定和安排，这种关系实际上是不平等的，不利于学生的学习和个人成长；⑤从教学内容方面分析，学校和教师选取的教学内容明显缺乏潜在的意义和迁移的生成能力，学生无法有效吸收新的知识材料，更不可能融会贯通。

（3）放任型的教学方法观。放任型的教学方法观是指在对学生的教育中，应顺其不受拘束的天性，使其自然而然地发展的教学方法观。这种教学方法观源于卢梭的自然主义的教育思想。放任型的教学方法观认为教育应该培养"自然人"，即身心发达，体脑两健，不受传统束缚，天性发展的新人。自然人完全为自己活着，不依从于任何固定的社会地位和社会职业，能适应各种客观变化的需要。19世纪末，欧洲的新教育运动承袭了他的这种思想，强调尊重学生的个性，让学生在自由中生活和成长。教师的任务在于为学生创造一个适宜的环境，让学生在充分的自由中获得经验，增长知识和能力，得到发展。反对教师过多地干涉学生，强调以学生为中心，教师只在旁边加以指导。

放任型的教育方法观在我国古代也有类似的主张。庄子从自己的哲学思想出发，主张放任自然，回归自然，反对对学生的严格管教，乃至反对当时的教育；魏晋时期的思想家嵇康也提出"越名教而任自然的养生教育论"，主张抛弃名教而顺循人性的自然法则，使人在追求内在的自我生命意义与价值中获得"性命之理"与"自然之理"。这种教学方法观在反对惩戒型和灌输型的教学方法方面有它积极的一方面，使学生从各种束缚中摆脱出来，但是，它走向了另一个极端，任学生自由地、自然地成长，完全忽略了教师或成人在学生发展中所起的作用，因而具有片面性。它的弊端后来日益为人们认识到，逐渐得到修正，又在一定程度上加强了教师的指导作用，成为给学生一定的自由和民主权利，但又有纪律和教师的指导的一种现代教育方法观。

2.传统教学方法观的特性

（1）传统教学方法观的重要依据是倡导者对"人性"的认识。原始启发式教学方法观根源于"人之初，性本善"的性善论的思想，而放任型的教学方法观也同样相信这种思想。而注入型教学方法观，则是建立在"人性恶"的认识上。如荀子认为，"凡所贵尧、禹君子者，能化性，能起伪，伪起而生礼仪"，所以，他主张教育的作用在于"化性起伪"。可见，传统教学方法观的分歧，在很大程度上是对人性认识的分歧所致。

（2）传统教学方法观没有科学的理论做指导，是思辨的，带有浓重的主观色彩。即使创立了启发式教育方法观的孔子与苏格拉底，也都是以自己的观察、经验的积累作为证明自己方法的依据。虽然这种教学方法反映了一定的教育规律，但是，在他们当时是浑然不觉的。赫尔巴特倡导把心理学作为教育的理论基础，但是，在他那个时代，心理学尚处于刚刚起步的阶段，就连心理学本身都是思辨的，以此为依据的教学方法观更无法摆脱主观的思辨。

（二）现代教学方法观

1.现代教学方法观的类型

（1）新行为主义教学方法观。新行为主义教学方法观源于新行为主义心理学的思想，是20世纪60年代后兴起的一种教育理论，其最杰出的代表人物是美国著名的心理学家斯金纳。新行为主义教学方法观认为，教育的根本目的是改变学生个体的行为以达到改变社会中所有的人的行为。相信科学，主张将严格的科学应用于人的行为的研究。人的行为的绝大多数，特别是人的学习行为，是由于人与他周围环境出现的强化之间的偶合而逐渐形成，例如，当一个孩子不自觉地发出某个声音或做出某个动作，他周围的环境如果给他以积极的反应，比如，鼓励的话，他想得到的食物或其他的要求，这种行为就会固定下来；如果环境给他以消极的强化，即当孩子做某一事情时，他不希望得到的刺激（如惩罚、指责）会消失，他的这一行为也会固定下来。如果当一个行为出现后，没有反应出现，这种行为会逐渐消退①。

在教育过程中，只要能把握住强化的频率和性质，不断给希望出现的行为以积极的强化，对于不希望出现的行为撤销强化，学生就会逐渐养成理想中的行为。在他的这种思想的支配下，他设计出了程序教学模式。所谓程序教学模式，就是将教材内容按照逻辑顺序系统地加以编排，使之由浅入深、循序渐进的一种自动的教学模式。在程序教学过程中，学生可以通过一套事先设计好的、有一定顺序的特定行为，实现人们所期望的行动。所谓的特定的行为，即学生的学习内容和目标被划分成许多的小目标和单元。学生每学到一个单元，就会得到及时的强化，如果没有达到教育者的目的，可以通过辅助的程序重新学习这一单元，直到达到目标后再转入下一个单元。当所有的单元都完成时，学生就达到了教育者所预期的所有教育目标，这一过程中的关键如下：

第一，学生的积极反应行为。在这样的教育方法中，学习者必须积极主动地做出反应，否则，就没有强化出现，学习过程就会停止中断。这与传统教育方法观只要求学生静听截然不同②。

第二，即时反馈。这一点在程序教学中很有特色，也很关键。即要求教育者在学生的反应后及时给予鼓励、表扬或者改正的办法。

① 李延绍，韩富贵，闫江涛，等.新课程与教师的教育思想[M].武汉：武汉理工大学出版社，2003.

② 吕冰，陈云，熊飞.基于学习共同体的师生发展研究[J].教育评论，2019，（9）：131—134.

第三，可以测量的目标。在教育中一定要设立出可以用具体的行为说明的目标，这样的目标便于测量，是教师给予反馈和强化的依据和前提。

第四，小步子原则。在程序教学中，强调将整个教育目标分解成一个个小目标。这些小目标之间有严格的逻辑顺序，而且环环相扣，相邻的步子之间的难度变化要适合学生的需要。斯金纳的这种教学方法及其指导思想引起了很大的反响，而且出现了多种模式。其中计算机辅助教学（CAI）即是大家所熟悉的一种。但是，这种教学方法观只注重了学生的行为的变化，而忽略了学生的道德、情感等社会化方面的学习。而且，这种教学方法观主要通过外界强化而控制学生的行为，这样的一个直接后果是会减弱学生对学习本身的兴趣，而只对刺激物感兴趣，具有一定的片面性。

（2）人本主义的教学方法观。人本主义教学方法观强调要关心人、尊重人，以人为本，教育教学是帮助学生自我实现。无论是人本主义的心理学家马斯洛、罗杰斯，还是存在主义的哲学家萨特、后现代主义的利奥塔，他们最大的共同点就是对人的情感、需要方面的研究，他们关注人与人之间的关系，提倡尊重人的个性和差异性。

人的认知、情感和行为是紧密联系、不可分割的统一体。在人的学习过程中，情感起着非常重要的作用。因此，具体知识的教学不是教育的唯一目的和全部内容，而人的价值、尊严、自由、创造、潜能的充分实现才是教育的重要任务。罗杰斯从心理治疗的经验中概括出了他对教育的看法，提出了非指导性教学方法。所谓非指导性教学方法即教师在教育过程中不是处于决定、控制、指导学生的地位，而是处于与学生平等的地位，是学生的倾听者和帮助者，教师必须要理解学生的感情，关注学生的情感需要，真诚地对待每一个学生。罗杰斯反对教师向学生灌输价值观念，告诉学生正确答案，主张教师的主要任务是使课堂形成一种和谐的氛围，探索价值观及正确答案是学生自己的任务。

人本主义教学方法观的共同特征是：对个人及个性的充分尊重；倡导教师对学生的帮助和协作的平等关系；强调教学方法的差异性。人本主义的教学方法观从尊重人的个性出发，强调师生之间的平等、和谐的人际关系的建构，重视学生价值观及人格的形成，有一定的进步作用。但是，这种方法观又过于强调学生的主动性和自觉性，在一定程度上忽视了教师的主导地位和作用。

（3）信息加工理论的教学方法观。信息加工理论的教学方法观认为，教学即是帮助学生学会将外来的信息进行处理、吸收、消化、储存在大脑中，以备解决问题时提取使用。这一理论兴起于20世纪中期，对教学产生了很大的影响，其主要代表人物有加涅等人。他们从研究学生的学习入手，通过大量的实验，探索各种类型的知识在大脑中加工、储存、提取的不同条件及影响因素。

信息加工理论的教学方法观是将教学过程看成一个信息有效传递和获得的过程。它以计算机的信息加工做模拟，设计教育、教学的方法。对于学生知识类信息的掌握及其基本的逻辑推理能力的培养和训练有一定的效果。但是，信息加工理论的教学方法一个很大的缺陷是对人的情感、态度、道德等的形成研究较少，加涅所提出的教育方法也只适合于掌握信息，不适用于学生的社会性的培养，在此意义上，信息加工理论只是一种"教"的方法，在"育"方面有所欠缺。

2.现代教学方法观的特性

与传统的教学方法观相比，现代教学方法观有以下特性。

（1）现代教学方法观都以一定的理论为指导，科学性较强。现代心理学、科学技术的发展为现代教育方法观提供了坚实的理论基础。事实上，行为主义的教育方法观和信息加工理论的教学方法观都是心理学发展的直接产物，其代表人物如斯金纳、加涅本身都是著名的心理学家。人文主义教学方法观也同样如此。只是由于人文主义心理学所研究的情感、动机、态度领域的实证研究难以量化，大多以观察经验为主，通常被人们认为科学性较差一点。

（2）现代教学方法观的另一突出特征是对学生在学习中的主体地位的重视和对学生主体性培养的关注。上述现代教学方法观与过去传统上一贯要求严格控制学生的倾向相反，都强调学生是学习结果的最终决定者，学生的积极主动参与是教育教学成功的关键。这些教学方法观对于课程改革中教师对教育教学方法的探索具有一定的指导意义。

第二节　思想教育教学的评价观与反思观

一、思想教育教学的评价观

（一）教学评价的意义与类别

1.教学评价的意义

教学评价是教学过程的一个重要环节，它是根据一定的教育教学目的和教学计划，利用多种方法和手段，对教学活动进行研究，从而对教学质量、教学效果做出客观性的价值判断的过程，它是教学过程中的一个不可缺少的组成部分。教学评价在教学活动中具有非常重要的意义，具体表现在以下方面。

（1）加强教学评价有利于教学过程的自身调节和良性循环。教学评价目标的制定，一般都体现为方向性和客观性，通过评价目标、指标体系的指引，可以为教学指明方向，即指明教师教和学生学的目标。这样，通过评价过程的不断反馈和调节，可以使教师随时了解学生达到目标的程度，发现教学中所存在的问题，使教师的教不断改进，从而使学生的学习不断强化和提高。

（2）加强教学评价，有利于激励教和学的积极性。主要指被评价者通过评价可以看到自己的成绩和不足，起到强化动机的作用，使教师发扬优点、克服缺点，不断改进教和学。

（3）加强教学评价，有利于优化教学过程，大面积提高教学质量。由于教学评价有利于教学系统的自觉调节和良性循环，有利于激发师生两方面的活动动因，所以能大面积提高教学质量。另外，教学评价一般都是面向全班或全校学生的评价，而不是只放在少量尖子生上，所以这也能直接促进教学质量的全面提高。

（4）加强教学评价，有利于建立学校、家长、社会三结合的教育网络，优化育人环境。加强教学评价，能够对学生的学习状况及时进行分析鉴定，找出学生学习上的利弊及学习态度、学习方法方面存在的问题，这样就便于向学生及其家长提出进一步努力的方向或指导性的建设意见，有利于家长对孩子的家庭辅导。加强教学评价，还能够全面评价所有任课教师的教学状况，为班主任和学校领导了解、调节各科教学，为教育领导机关和行政部门做出宏观的教学建议和决策提供必要的依据，使各级领导对教学的指导具有明确的指向性，这样就有利于建立学校、家长、社会三结合的教育网络，便于育人环境的优化。

2.教学评价的类别

教学评价根据功能和目的可分为诊断性评价、形成性评价和终结性评价。

（1）诊断性评价。诊断性评价是指在教学活动开始前为使教学计划更有效地实施而进行的评价。进行诊断性评价是为摸清教学的基础，使教学适合学习者的需要。教师在教学前对学生所进行的诊断性评价，目的是使教学更有针对性，而不是给学生贴标签。另外，通过诊断可以辨认出哪些学生已经掌握了过去所学的全部教材内容，哪些还没掌握，已达到了何种程度，设计出适应不同学生学习的教学计划。在一门课程或一个新单元开始的时候，传统的做法是使所有的学生都从一个假设的"零点"一起起步，也就是假定没有哪一个学生已经掌握了计划好的任何一项目标，但所有的学生都具有开始学习该教程或该单元的认知、情感和运动技能方面的先决条件。这种对教学背景相同性的假定是不可靠的。而诊断性评价的一个重要功能是辨别哪些是高出或低于零点的学生，这样就可以把他们分置在对他们最有益的教学程序中去。

（2）形成性评价。形成性评价是指在教学进程中，为使活动效果更好而调整教与学所进行的评价，主要目的是测定学生对某一具体学习任务掌握的程度，使师生对教与学的过程有更明晰的了解，不断地调整教与学的活动。在进行形成性评价时不评定等级，只找出不足的原因和所犯错误的类型，要尽量缩减那些判断性见解。只有对评价不带有任何要评成绩的联想，被评者才不至于害怕，而看作是一种帮助。为达到形成性评价的目的，每当一种新技能或新概念的教学初步完成时，就应进行形成性评价，了解学生的学习掌握情况。需要注意的是，形成性评价应多样化。

（3）终结性评价。终结性评价是指一个学期、一个教程或一个学程结束的时候，为了进行分等级、鉴别，或对课程、学程以及教学计划的有效性进行研究所做的评价。终结性评价通常需要通过书面答卷或实际操作来进行。由于要对学生的学习结果进行分等，对学生的学习能力进行鉴别，对学生今后的学习心理和行为具有明显影响，因此，终结性评价通常要求要客观、公正。

（二）教学评价观及其特点

教学评价观是对教学评价的功能、地位、种类等的认识，是制约教学的重要因素。由于教学评价对教学过程具有指挥棒的作用，因此，每位教师都应树立正确的教学评价观。

1.传统教学评价观的特点

（1）评价功能单一：重视评价的甄别和选拔功能，忽视评价的改进和激励功能。具体而言，传统的教学评价过于强调总结性评价，忽视形成性评价，即注重学生的学习成绩，也就是说，过于强调甄别和选拔功能，而忽视评价具有促进学生发展和改进教学实践等功能。

（2）评价标准单一：评价标准以学业成绩为主，忽视了学生的全面发展和个体差异。与教育评价的甄别和选拔功能相对应的评价标准是智育，即知识与技能，从微观角度看，这种单一的评价标准对学生发展造成不良影响，不重视学生的学习习惯、道德品质和创新精神等方面；从宏观角度看，严重阻碍了整个教育行业的发展。

（3）评价方法单一：注重量化评价和相对评价，忽视质性评价、绝对评价和差异评价。在传统的教学评价中，考试是唯一的评价方法，这种单一的评价方法导致学生过度关注自己的分数排名，产生严重的比较心理，忽视自身其他方面的成长变化，特别是自身优势功能和个性特征的展现也受到了负面影响。

（4）教育评价主体"错位"：重视他评，忽视自评。教育评价主体"错位"，明显呈现出"他评"的特征，使被评价者始终处于一种消极的被动的地位。这种评价主体的"错位"，忽视了被评价者的作用，使教育教学评价活动成为一种被动消极的活动。在现行的教学评价中，学生一直处于被动地位，自尊心、自信心得不到很好的保护，学生的主观能动性得不到很好的发挥。在评价中重视学生在评价过程中的主体地位，关注学生个体的差异以及发展的不同需求，提高学生的综合素质，改变单一由教师评价学生的倾向，使教育评价成为管理者、教师、学生、家长共同积极参与的交互活动已势在必行。

2.现代教学评价观的特点

（1）重视教学发展，淡化甄别与选拔，实现评价功能的转变。在教育信息化发展的趋势下，早期以传授知识为主的基础教育课程功能受到了严重的冲击，学校因此转而注重学生的综合发展和终身发展。为了配合课程功能的转变，评价功能也发生实质性的改变，除了检测和考查学生对知识与技能的掌握情况外，还要关注学生的学习方法、努力程度和情感态度等多个层面，评价目的不再是选拔和甄别，而是充分发挥出评价的功能，尤其是激励功能，在重视学生全面发展的同时实现评价功能的转化。从某种角度分析，评价属于一种教育方式，评价既能够为教师服务，帮助教师创造有利于学生发展的教育，还能够为学生服务，这种服务主要致力于学生的发展，而不是学生的发展为评价的需要服务。评价功能的转变还影响着教师评价工作的开展，教师在教学过程中扮演着多重角色，占据着至关重要的位置，其教学发展情况也是课程改革的重要话题。传统的教师评价以其工作业绩是否合格为主，同样体现出教师评价的甄别和选拔功能，而教师自身成长方面如何却被忽视，没有相应的评价指标。因此，时代的进步向课程评价的功能发起挑战，评价的功能既要体现在甄别和选拔上，还要体现在学生的全面发展上。

（2）重视综合评价，关注个体差异，实现评价指标的多元化。在传统的教学发展中，学业成就是考查学生学业成绩、教师教学能力以及学校办学水平的关键指标。然而，随着社会的快速发展以及网络时代的形成，教育行业的发展也逐渐信息化，各个领域的竞争也更加激烈化，高校对学生的培养要朝着综合及多元的方向进行，否则无法满足社会对人才的需求。学业成就作为教学评价的指标之一，显露出了单一性和局限性，因此，为了打破这种局限性，以及实现学生的全面发展，各高校要制定多元化的评价指标，在重视学业成绩的同时，还要重视学生其他方面的发展，如道德品质、创新精神、实践能力等。此外，还要关注学生的个性差异，基于此为学生提供有利于发挥自身优势功能的空间，促使学生在全面发展的基础上实现个性化成长。总之，高校要为满足社会需求来培养复合型优秀人才。

（3）强调质性评价，定性与定量相结合，实现评价方法的多样化。人们曾经普遍认为量化是科学、客观的代名词，因而，追求量化是各国课程评价的发展趋势。现如今，随着教育行业的信息化发展，教学内容和学习方法等方面越来越丰富且多样。对于自身的发展，学生也不再仅仅注重理解和掌握知识，而是关注自身多方面的进步，在这种情况下，若仍然以量化的方式来评价学生的发展状况，则会体现出僵化、简单化、表面化等特点。因为学生成长过程中的主观层面无法通过量化的方式来评价，比如，学生的个性特点和努力程度等。对于教育来说，量化评价实际上就是将复杂的教育现象简单化或仅仅评价简单的教育现象，都会对教育发展产生消极影响，导致教育失去育人的意义和价值，而质性评价是以全面、深入、真实再现评价对象的特点和发展趋势，这种评价方法受到了广大教育工作者的高度重视，成为诸多国家课程改革倡导的评价方法。

二、思想教育教学的反思观

在一个教师的成长过程中，课堂教学反思意识及能力是至关重要的。反思是教师着眼于自己的活动过程来分析做出某种行为、决策以及所产生的结果的过程，是一种通过提高参与者的自我觉察水平来促进能力发展的手段。因此，形成正确的教学反思观是促进教师成长，也是促进学生发展所必需的。

（一）教学反思观的主要内容

1.教学目标的反思

教学目标的反思主要包括以下方面。

（1）课堂教学目标的明确与否。每个教师都应该很清楚地意识到自己在课堂教学中是根据什么来展开教学活动的，每种教学行为对教学目标的实现有何影响作用。但是在教学实践中，却并非如此。课堂教学目标不明、行为无序、随意性大的现象经常可以发现，导致课堂教学效果不良，教师的时间、精力投入得不到应有的回报，这不能不说和教学目标意识不强有关。基于此，在课后反思时，应思考自己本节课的教学目标，然后再回顾为实现目标自己做了哪些努力，分析判断目标是否已经实现。

（2）课堂教学目标的价值取向。价值取向不同，在教学中努力的方向不同，对学生的影响也是不同的。课堂教学目标的价值取向可以分为两种：单一的知识取向和多元价值取向。单一的知识取向是把课堂教学的目标定位于学生对知识的掌握，舍此别无其他，这种价值取向是传统教学所强调的。在教学过程中，教师的教学行为是以传授知识为目标，对于传授知识的过程价值重视不够。在目前，许多教师持这种价值取向。多元价值取向是不仅把课堂教学视为教师传授知识，学生接受、掌握知识的过程，而且是促进学生身心素质发展的过程。新课程改革所要求的课堂教学是多元价值取向。这就要求教师在课堂教学中要看到掩藏的能力、品格、方法等价值。教师的根本职责是教书育人。仅仅是教书，让学生掌握知识的教师充其量是"经师"而已，因此，教师在课堂教学目标价值意识上应该充分认识到教学目标的价值的多元性，在教学过程中自觉地以知识为手段，去促进学生的发展。

2.教学指导思想的反思

教学指导思想指教师在教学过程中所形成的具有支配作用且制约教学行为的概念性认识。在众多影响教学效果的因素中，教学指导思想是其中重要因素之一。这种因素所产生的作用非常显著，都客观真实地存在，有时被归纳为有意识因素的类别，有时被看作无意识因素对教学构成的影响。由于每位教师的知识经验、认知水平和教育信念等方面各不相同，因此对教学所形成的看法也有所差异，这些看法实际上就是教学指导思想。积极的教学指导思想是教师取得显著教学成果的前提条件，而消极的教学指导思想严重阻碍教学的发展，并导致教学过程中出现一些不合理问题。因此，在课堂教学中，教师要形成积极的教学指导思想，支配自己的教学行为，摒弃消极的教学指导思想，换而言之，反思课堂教学首先要审视教学指导思想。

教师的教学指导思想是由不同的教学信念所构成的一个有机体，也是对教学过程中的一些主要因素及其关系的认识所形成的。随着教师知识经验的增加、实践能力的提高以及教学认知的改变，教学信念也随之发生变化，也就是说，教学信念并非静止不变，而是处于不断变化的动态中，因此，教师的教学指导思想也是动态的。在构成教学指导思想的众多信念中，通常包括以下几种观念。

教师与学生地位的观念。在我国有关教育学作品中，大多数学者都明确表示教师是教学工作的主导者，在教学过程中起到主导性作用，而学生既可以是主体，也可以是客体。在教育发展历史进程中，有关教师与学生地位的问题始终都是值得讨论的热点话题，针对这一问题，各教师必然产生不同观点和看法，导致他们表现出来的教学行为也有所差异，比如，持教师中心主义观点的教师就会表现出以自己为中心的教学行为。

（2）教育与学习关系的观念。教学过程实际上就是教师的教与学生的学构成的活动过程。在教学发展过程中，部分教师逐渐形成了任务指向型教学，这种类型的教学注重完成教学任务，还有部分教师形成了过程指向型教学，重视通过激发学生的学习动力，促使学生在享受学习过程的同时实现学习目标。根据现代教学改革的发展趋势可知，我国教学形式发生了较大的转变，从早期的以"教"为主，转变为现今的以"学"为主。

（3）学会与会学关系的观念。学会是学生对知识、技能的掌握和理解，而会学是学生养成的学习能力，学会和会学之间既相互关联但又存在差异。掌握新的知识和技能有利于学生提高自身的学习能力，而较强的学习能力会反过来促进学生掌握更多知识。反思性教学的目的是两种"学会"，其中，一种学会指教师学会教学；另一种学会指学生学会学习，这两种学会之间也具有关联性，学会教学是学会学习的前提条件。无论是从现代科学技术发展的层面分析，还是从社会发展对人才需求的角度看，学会学习不仅是学生在社会大环境中生存的有力武器，也是推动科技向前进步的必要条件。

根据以上关系可知，在课堂教学中，各教师都遵循自己所形成的信念，并通过此信念支配教学行为。因此，教师想要使自己的教学行为被正确积极的教学指导思想所支配，一定要有意识地形成正确的教学信念，从而构建正确积极的教学指导思想。

（二）教学反思观的实施方法

教师作为教学过程的主体，需要持续地吸取新的教学知识和研究成果，并不断地反思自己的教学行为，只有这样才能学会教学，课堂教学反思是教师加强教学能力、提高教学质量的有效方法。

陈述性反思。陈述性反思是指教师全景式地回顾课堂教学过程中自身的行为表现，并客观分析教学过程的合理性和有效性。这种方法可以帮助教师分析自己的教学行为是否合理，也可以帮助教师判断自己的教学观念和指导思想是否正确。

（2）对比式反思。对比式反思指教师通过与其他教师的讲课进行对比，来反思自己讲的课。这种方法实施的前提是教师要有谦逊的态度和恭谨的行为，在观摩其他教师，尤其是专家型教师的教学行为时，教师要全程记录，并观察学生的反应，再与自己的教学行为对比，积极吸取经验，从而提高自身的教学水平。

（3）讨论式反思。讨论式反思指教师们通过讨论的方式来交流教学过程，教师积极主动地与其他教师展开教学交流，探讨教学过程中出现的一些带有共同性的话题。此实施方法有利于教师扩展自身的知识层面，提高自身的教学水平，树立正确的教学观念，制定正确的教学目标。

（4）课题式反思。课题式反思指教师将课堂教学中出现的问题作为研究课题，并展开深度的分析和探究。大部分教师的教学改革试验基本上都采用了这种方式，但需要注意的是，课题并不是大概念，也有小课题。课题式反思除了帮助教师积累知识经验，还提高了教师解决问题、研究课题的能力，促使教师发展成为学者型教师。此方法的操作要点是：首先，明确研究课题，课堂教学过程中经常出现的问题都可以作为研究课题，如注意力不集中、多动症等；其次，查阅相关文献，搜集有关课题的全部理论知识和研究成果；最后，制订解决方案，通过课堂教学实验来验证方案的可行性。

（5）模拟式反思。模拟式反思指教师基于课堂教学效果的分析来重新设计方案，再根据新设计的方案模拟课堂教学情境。这种方式具有非常显著的时效性，原因是教师在课堂教学结束后立即展开模拟式反思，促使教师产生跃跃欲试的心理，在之后的课堂教学中展现合理的成分，规避错误的问题，若是重复课，则效果更加明显。

在以上实施方法中，每种实施方法所对应的表现形式要有所差异，课题式反思的结果要以研究报告或研究论文的形式来表现，而陈述式反思、对比式反思和讨论式反思的结果要以反思日记的形式来表现。总而言之，这几种实施方法都以文字形式来表达和操作。通过文字形式来记录反思过程，既能够使教师对教学情境产生深刻记忆，不断地总结经验教训，还能够提高教师的教学研究能力和文字表述能力。

第三章

思想教育教学与师生共同发展观（二）

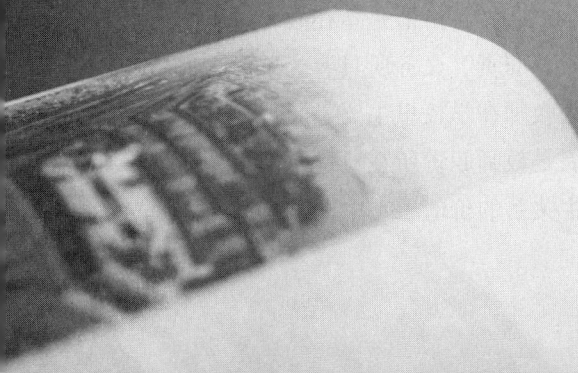

面对目前高校思想教育工作的新形势，新问题，新挑战，新特点，高校思想政治工作者必须正确认识现代师生观，把握客观规律，转换思想教育的思维方式，重构思想教育工作范式，创新思想教育工作方法。鉴于此，本章主要围绕思想教育师生关系价值观、思想教育师生交往方法观展开论述。

第一节　思想教育师生关系价值观

师生关系是在教育活动中，教师和学生所建立起来的一种人际关系，是学校最基本的人际关系，主要包括师生伦理关系和师生情感关系。师生伦理关系主要是基于教师这一社会角色所具有的责任义务及权利而与学生发展的关系，这种关系具有不可选择性，教师对自己的学生没有挑选的权利，只有教育、促进学生发展的责任和义务。师生情感关系是指师生之间情感上或心理上因彼此理解、依恋等而产生的人际关系。努力创造民主、平等和促进个性发展的师生伦理关系，真正使师生关系焕发出迷人的光彩将是本次课程改革的最亮丽的风景线，而优化师生情感关系，重建温馨感人的师生情谊，对于建立真正的师生伦理关系，实现课程目标是重要的保证，也是师生关系改革的基本要求。

师生关系价值观是教师对师生关系所具有的价值的理解和认识，并由此所形成的对师生关系的建立和发展起支撑作用的信念。主要内容包括教师对师生关系所具有的教育价值、心理价值的理解和认识。教育价值是指在教育过程中师生关系对于促进学生发展，教师完成自己的教育职责、义务所具有的价值，这是教师的师生关系价值观中基本的价值观，因为教师在学校里主要是履行教育教学职责的专业人员，能否有效地促进学生的发展是教师职责所在，也是衡量教师是否称职、优秀的主要评价指标。因此，在师生关系的价值思考中，这是第一位的。

心理价值观是指教师对师生关系所具有的心理需要满足的价值的认识。作为一种必然发生的人际关系，教师对与学生建立人际关系是慎重的。每个人都有友谊、爱与被爱、尊重与被尊重的需要，师生关系对师生双方的这些需要的满足都具有影响。

教师对师生关系所具有的价值的认识深刻地影响着教师与学生关系的建立，如建立哪些性质的师生关系，在师生关系的建立中采取何种态度与行为等。在对师生关系价值的认识上，我国目前对教师的要求与传统的观念是存在明显差别的。

一、传统师生关系价值观

在教育教学过程中，教师与学生作为主体性因素构成了教育教学中最活跃的人际关系，但是，在传统的教育教学中，由于教师对教育教学目标和教师与学生角色认识的不同，形成了过分注重权威与控制的师生关系价值观。

注重权威与控制的师生关系价值观是指教师把师生关系定位于教育与受教育的范围内，建立师生关系是为了把学生塑造成社会所期待、教师所期待的人。为了实现对学生的塑造，教师对学生应通过自己的权威实施有效的控制，使学生按照教师的选择与指引而完成学业和人格发展。在传统的教育教学目标中，知识目标是作为基本目标而存在的，学生在学校的主要任务是接受、掌握知识，教师是作为知识的拥有者、解释者的角色出现在学生面前的。因此，教师对知识教学的重视超过对一切其他内容的重视。知识作为教学的基本目标被教师高度重视来自以下两方面的影响。

第一，传统因素的影响，过去认为，知识是人类智慧的结晶，是作为客观真理存在的，知识的价值是非常巨大的，"知识就是力量"作为一种真理性的观念深深地植根在人们的内心深处，对教师的角色期待就是能够"传道、授业、解惑"。因此，传统因素使教师对知识的教学特别重视，在学生掌握知识的过程中，学生是需要付出艰苦努力的，为了使学生掌握更多的知识，传统的教师角色赋予教师的身份是权威。在师生关系中，教师是学生学习活动的监控者，是学生灵魂的塑造者，学生是教师的管教对象。由于在知识教学中，师生角色的不平等性，许多教师对师生关系的理解是监督和被监督、控制与被控制的关系，形成了教师对自身角色的膨胀性认识。这种观念导致在处理师生关系时，根本就没有意识到学生和自己一样是作为主体的存在。因此，也就不可能在教育教学过程中认识到建立良好师生关系的必要性，因而更谈不上积极主动地与学生建立融洽平等的师生关系了。

第二，教育教学评价制度的影响。教育教学评价是教师教育教学行为的指挥棒。在学校教育中，在各种评价中，对学生掌握知识的评价是最主要的评价，已形成了一套固定的也是比较完备的评价指标体系，在对学生知识掌握程度的评价中，被评价的不仅是学生的学习状态好坏，更是对教师教学效果的好坏，是否是优秀教师以及对学校办学水平的评价。在对学生知识掌握程度的评价中，量化评价是主要形式，量化评价更多的是理性、客观、精确，相对于学生品德发展等方面的定性评价，量化评价被认为是硬性的评价杠杆，因此，每一位教师对于学生的成绩都非常重视，想方设法提高学生的成绩，以期获得心理平衡与满足。

另外，在我国，高等教育资源是有限的，离高等教育大众化尚有一定距离，不可能满足每个学生都上大学、上好大学的愿望，而学生、家长、教师又都期望学生能够上大学，上好大学，所以竞争压力很大。在这种情况下，作为教师所关注的几乎是唯一的内容，就是学生的学业成绩。同学之间是竞争关系而非合作关系。在师生关系上，教师就是学生大学愿望的达成的帮助者，这种帮助主要是在单方面，教师是学生学习的启发者、评价者、督促者，教师对于学生的要求就是要有危机感、竞争意识，要努力，努力，再努力。教师的这种教育很难使学生建立团结协作的关系，合作学习根本谈不上。在这种指导思想下，教师也很难注重与学生建立融洽的师生关系，教师的责任义务定位就是督促学生勤奋学习，在竞争中保持优势。在教学过程中，知识目标成为教学的唯一选择，教师是书本知识的解释者，标准答案的寻求者和告诉者，学生是知识的接受者，并且是忠实的接受者，不能怀疑，不能批判，更不能标新立异，因为标准化考试拒绝"异常"。

根据以上分析，传统的师生关系导致教师与学生发展的严重不足，甚至畸形发展。对于教师来说，谋求专业成长，成为优秀教师是教师的基本追求。但在传统的师生关系价值观指导下的实践常常使师生之间存在明显的鸿沟，教师对学生缺乏基本的信任，通过教师角色赋予自己的权威经常使学生处于恐惧状态，师生关系中的控制与被控制很难使师生之间建立真正的人际关系。由于师生彼此心存戒备，缺乏有效的沟通与交流，教师的教育影响会减弱。由于教师经常思考的是如何控制学生，对于调动学生学习积极性，产生积极的心态的有效性会差一些，教师的专业成长由于失去正确的认识基础将成为梦想。对于学生来说，以学习知识为接受教育的唯一目的，很难实现全面发展。在倾斜的或不平等的人际关系中，学生很难亲师信道，人格发展会处于压抑状态，在机械性的接受学习中，学生的创造性也会受到影响。

二、现代师生关系价值观

师生之间的关系决定着学校的面貌。建立新型的师生关系既是新课程实施与教学改革的前提和条件，又是新课程实施和教学改革的内容和任务。在新课程改革中，强调要建立互动的师生关系。建立新型的师生关系在当前国际教育思潮中是一个引人注目的倾向。

（一）现代师生关系价值观的理论依据

1.人本主义教育理论

人本主义教育理论强调在教育过程中要了解人、关注人的心理需要，充分尊重人，促进人的自我价值实现。人本主义心理学家罗杰斯对师生关系的论述很有代表性，罗杰斯在批判以教师为中心、以知识为中心的传统教学中的师生关系的基础上，提出了情感型师生关系理论。他强调师生人际关系是教学活动的先决条件，是影响教学效果的一种决定性因素。在传统教学中，由于缺乏真诚的、亲密的人际关系，教师以权威自居，社会、家庭、学校又强迫学生屈从，学生得到的是一种非自发性的，因而得不到自我满足的学习活动，是一种对外界的屈从和防御的活动，这种状况导致学生学习的有效性降低，对其人格和潜能发展也不利。在师生关系中，教师对良好师生关系的建立起着决定作用，而决定良好师生关系建立的条件在于三方面：一是教师要真诚、真实或表里如一；二是接受，即无条件地接受学生；三是理解，教师对学生要做移情性理解，即教师要能从学生的角度出发观察世界，理解学生的心理世界，设身处地地为学生着想。

2.合作教育理论

合作教育是当今教育理论界和实践中影响比较广泛的一种理论。在我国的课程改革中，与合作教育观念一致的合作学习被作为一种新的方式被强调。合作教育是以师生关系为视野的一种教育理论。它主要强调以师生关系为中心的诸多教育关系（教师与校领导、学校与社区、教师与家长、学生与学生等）的健康与协调。其基本点是：一是在师生人际关系中摒弃权力与服从；二是在教育目标上，主张学生个性的健康发展，而不是单独地接受知识或发展能力，平等、合作、健康的师生人际关系，为实现学生个性发展提供了广阔的可能性和最好的前景；三是在合作教育中教师是关键性的；四是在教学实践的具体操作中，以人际关系为纽带，提出了多样化的合作方法与过程。

（二）现代师生关系价值观的意义

改革传统的教学，建构新的更有成效的教学，促进每一个学生发展，实现中华民族的伟大复兴是课程改革的根本宗旨。在课改实施过程中，师生关系必然是一个不可避免的问题，也是对课程成效具有重大影响的因素之一。因此，每一位教师都应对师生关系的价值有清醒而深刻的认识，这样才能指导自己建立良好的师生关系。

1.良好的师生关系是促进学生发展的关键要素

学生是教育的中心，是出发点也是最终归宿。学生的发展是我国课程改革的基本出发点。良好的师生关系对学生发展的影响主要表现在以下方面。

（1）有助于学生掌握丰富的知识，发展学生的能力。掌握知识、发展能力是教学的基本目标。在学生掌握知识、发展能力的过程中，如果没有学生主体的积极参与，只以被动的方式和心态去接受的话，学习的效率和效果将是低下的。在教学实践中，一旦某些学生与某门学科的任课教师的关系不太好，这些学生就会对这门课失去兴趣，甚至反感，学习成绩也因此而下降。而倘若某些学生与任课教师关系融洽，并建立了友谊，即使这位任课教师所教的学科难学，也会因热爱教师而迁爱到这门学科上。换言之，良好的师生关系是学生积极学习的因素之一，而不良的师生关系则会造成学生对学科的厌烦。具体表现在学生的学习动机、学习积极性、学习的投入等方面。

良好的师生关系之所以能提高学生学习参与的自觉性、主动性，是因为良好的师生关系不仅是一种理性关系，而且还是一种情感关系，在这种关系中，学生能更多地体验到心理的愉悦，亲师信道，学生甚至会觉得如果学习不好会对不起教师。但是在过去的教学中，许多教师过分相信学生理性的作用，认为当学生认识学习的意义时就会自觉学习了，和师生关系好坏关系不大，因而不重视与学生在教与学的过程的合作，过分重视自己的教学内容，学生的学习接受。这些教师只看到了学生的理性对学习的作用，把学生看作是理性的人，而忽视了学生是渴望获得积极的心理体验的人、有情感的人。这种忽视导致教师低估了良好的师生关系所具有的教学促进价值，使学生陷入了苦学之中，在心态上处于"要我学""不得不学"的境地。

（2）有助于学生心理健康。对于学生而言，具有良好的心理健康状态是学生高质量学习和生活的必要条件，学校教育的重要任务之一就应该是促进学生心理健康发展。在学生心理健康发展的条件中，良好的师生关系是学生心理健康不可缺少的因素。因此，在现代化教学过程中，良好的师生关系对于学生心理健康发展具有重要影响。

（3）有助于学生创造性的发展。创造性是现代社会对人才的基本要求，学生的创造性与学校教育关系非常密切。良好的师生关系对于学生创造性的发展提供了可能性。

首先，良好的师生关系为学生创造性的发展营造了一个良好的氛围。学生的创造性是在一定的教学氛围中发展的，如果在一种紧张的人际关系氛围中，学生处于恐惧和担心之中，学生的思维会受到巨大的局限。而如果师生关系良好，学生处于一种自由、安全的环境，思维的开放性、活跃性会表现得非常突出。

其次，良好的师生关系保证了创造所必需的个性品质的发展。好奇心、求知欲、成就动机、自信心、敢为性等与创造性关系密切的个性品质会得到培养和发展。在传统教学中，由于缺乏对学生的信任，教师以单纯的知识传播者与监控者的角色出现，学生从教师那里很难获得心理上的支持，并且学生的好奇心、求知欲等，因考试压力而不得不处于抑制状态，在对分数的恐惧和失败中，自信心备受打击。尤其是在标准化的考试中，学生的敢为性、独特性更是英雄无用武之地。因此，建立良好的师生关系，对于培养与创造性密切相关的品质从而最终促进创造性的发展具有重要的意义。

（4）有助于学生"全人发展"。现代教育强调"以人为本"，促进学生"全人发展"，"全人发展"是指学生不仅在知识、技能、智慧方面的发展，而且也包括学生的心理发展和精神发展。教育不仅是传授知识和学问，更重要的是培养学生追求真理的欲望和热情，教给学生探求知识的方法。在现代教育实践和教育学研究中，由于种种复杂的原因，部分教育家和教育学家存在着视角的盲区，把人的培养视作对人的生存能力的培养，忽视了人作为人存在的价值。因此要进行全人教育，换言之，把学生当作"人"来培养，使学生的"人性"得到发展，良好的师生关系是基本保证。良好的师生关系可使学生从教师的身上感悟到更多的对人的关心和尊重，这种感悟经验会内化为学生的自身需要，提升学生的精神境界。

2.良好的师生关系有助于教师发展

在新课程改革中，教师发展也是基本理念之一，教师和学生一起在新课程改革中获得发展。换言之，没有教师的发展就不会有学生的真正发展。但是，在传统的教育实践和理念中，对教师的发展并没有引起足够的重视。教师被视为拥有丰富知识的权威，是已经获得发展的人，教师的任务在于促进学生的发展。实际上，教师这个职业比任何一种职业都需要从业者不断完善自己。对于教师而言，成为一名优秀教师是每一位教师的心愿。因此，教师自身的发展是教师职业的必然要求，也是教师个人的追求。良好的师生关系对于教师的发展具有十分重要的意义。

（1）良好的师生关系有助于教师的专业成长。教师的专业成长是当今教师教育的一个重要的价值取向，只有教师不断地获得专业成长，才有学生不断地向前发展。教师的专业成长主要包括教师的专业情意和专业知识技能的发展。良好的师生关系对这两方面均具有积极影响。

第一，专业情意。专业情意是教师对自己所从事的职业的基本态度及情感体验，是教师工作积极性的源泉。一个教师的专业情意与其在职业活动中的心理体验是密切相关的。师生关系的好坏对教师的专业情意具有至关重要的影响。教师对教师职业的态度与教师在职业活动中的体验密切相关。如果一位教师能够经常从职业活动中体验到职业生活的快乐，产生职业舒适感和满足感，则会对自己所从事的职业持积极的态度，发自内心地肯定工作的价值，在教育教学活动中想方设法提高质量以促进学生的发展。

在传统控制型的师生关系中，师生双方处于不平等的地位，学生在被控制、服从的过程中，很难去认同教师的行为，在情感上也易持消极的体验，而教师由于缺乏对学生的移情性理解（站在学生的立场上去想问题，分析学生，理解学生），总是采用评价性理解（教师常常用自己心目中的"好学生"标准去认识、理解学生）。教师更多的是发现学生身上的缺点与不足，所思考的是如何去矫治学生，因而教师很少主动和学生交往。由于师生双方都不能真正理解对方，尤其是教师总是带着矫治学生不足的心态，因而较少体验到来自学生的尊重、友谊，带着孤独的心态去从事工作，长期以来，则易从职业活动中产生倦怠心理。师生之间如果建立了良好的师生关系，从这种经常性的交往中，教师的心理需要（诸如交流、爱、尊重等）可以获得满足，在心情上会更开朗，也更易产生积极的心理体验，从而对自己所从事的职业产生积极的认识。

第二，专业知识技能。专业知识技能是教师从事职业活动的必备素质，是完成教书育人目的的基本保证。良好的师生关系使教师产生责任感和义务感，教育好学生，教师应该理解学生，这是教育成功的前提条件。理解学生说起来容易，做起来难。没有良好的师生关系，学生对教师心存戒意，在教师面前封闭自己。良好的师生关系则会使师生双方都敞开心扉，没有心理距离，教师对学生的理解会准确、深刻，从而提高教师教育教学的针对性。良好的师生关系也使学生在接受教师教导时，发自内心地相信教师传播的信息和价值观，积极主动地完成教师所期待的活动。面对学生的信任和期待，教师也会不断地学习，丰富自己的知识经验，不断探索与实践，提高自己的教育教学技巧。

由于良好的师生关系能够使教师教育教学成功，使教师体验到成功的快乐，提高从事教师职业的信心和努力程度，因此，它是教师专业成长的重要影响因素。

（2）良好的师生关系有助于教师心理健康。促进学生的心理健康是教师的职责所在，但是，如果教师没有健康的心理素质，不仅不能促进学生心理健康，反而会成为学生心理健康的阻碍因素。当前对学生的心理健康问题研究较多，也引起了高度重视，而对教师的心理健康相对关注较少，教师本人对此也缺乏足够的认识和重视。教师的心理健康问题也是一个应该引起关注的问题。由于教学评价、社会期望等压力，教师所承受的心理压力是比较大的。在心理健康的维护中，良好的师生关系是教师心理健康的重要影响因素。良好的师生关系能够使教师的心理需要获得满足，产生积极的情感体验，对于缓解心理紧张和压力具有直接的帮助。如果师生关系不良，职业活动的紧张性会因得不到来自学生的关爱与尊重而使教师心情更加抑郁或急躁等，久之，会积郁成心理问题。因此，良好的师生关系对于提高教师职业活动和生活质量具有重要的作用。

第二节　思想教育师生交往方法观

师生之间，通过交往，重建人道的、和谐的、民主的、平等的师生关系。良好的师生关系一般具备五方面的特性：①坦白或明朗——彼此诚实不欺诈；②关心——彼此都知道自己受对方所重视；③独立性——一方不依赖另一方；④个体性——一方允许另一方发展其独特的个性与创造性；⑤彼此适应对方的需要——一方需求的满足不以另一方需求的牺牲为代价。而要建立良好的师生关系，需要教师在与学生的交往中具有正确的交往方向观和交往技巧观。

一、交往方向观

教师的交往方向观是指教师对师生交往中教师应持何种态度以及由态度所导致的交往方向的基本认识，如师生交往对建立良好的师生关系的价值，交往心理的特点等。这种认识决定了师生交往的类型以及所建立起来的师生关系的类型。

教师的领导方式可以分为专制型、民主型和放任型三种。不同的领导方式对良好班风的形成有不同的影响。民主型效果最好，独裁型次之，放任型最差。这三种领导方式与教师在师生关系中的地位和角色的认知有密切关系。民主型的教师意识到学生作为主体存在的价值，把学生当成平等的成员对待，注重通过交往激发学生的潜能。这些教师受学生欢迎程度高。独裁型的教师认为，学生应该接受来自教师的命令，通过严格纪律，对学生行为保持经常的检查等，使学生服从教师。这些教师从内心对学生持不信任感，交往过程成为单向信息发布过程、监督和控制、学生被迫服从的过程。在这种领导方式下，很难建立良好的师生关系，学生对教师持畏惧态度，学生的责任心和创造性也得不到有效培养。放任型的教师对学生持忽视态度，不关心师生关系的价值。

教师所持的交往方向观深刻地影响师生关系的建立种类。因此，教师对与学生的交往在交往方向上应该遵循这一基本要求，需注意以下方面。

（一）平等

平等要求教师要把学生当成和自己一样的人去对待，这是良好师生关系的基本条件。在师生关系中，师生关系不良在很大程度上和教师不能平等地对待学生有关。在现代师生关系中，强调教师应把学生看作是真正意义上的"人"，即师生之间只有价值的平等，而没有高低、尊卑、强弱之分。虽然师生在教育过程中的角色存在差异，但师生作为"人"，在价值和尊严上并无差别，而有超然于角色的平等性，这种平等性是衡量和规范师生交往活动的至上准则，更是认识和处理师生关系的基点。这种认识也是教师与学生交往积极性、主动性的源泉。所以，每一位教师都应意识到，学生和自己一样是"人"，具有人所共有的心理需要，如友谊、爱、尊重等。教师只有满足学生的心理需要，才能赢得学生的信任和爱戴。

（二）理解

理解要求教师意识到每一个人都有自己的内心世界，教师要与学生建立良好的师生关系，彼此的相互理解是非常必要的。对于教师而言，为了让学生理解自己，认同自己，应该把自我真实地暴露在学生面前，使学生能够客观地了解教师，以可感、可亲、可敬的形象被学生理解和接纳。教师了解学生需要对学生进行移情式理解而不是评价式理解。评价式理解是教师用自己心目中的理想学生标准去评价现实中的学生，这种评价使教师经常发现学生身上的不足和缺点，容易产生对学生的不信任、失望，强化自己"矫正者"的角色意识，在与学生交往中不能以平等心态进行。移情式理解要求教师站在对方的立场上，设身处地地为对方着想，这种理解通常能使学生对教师产生信赖感，更愿意为教师敞开自己的心扉，师生之间心理相通、相融，师生关系融洽①。

（三）真诚

对于教师而言，真诚意味着教师在学生面前真实地表现自己，在感情上是真

---

① 姚维纲. 师生发展共同体的实践探索[J]. 思想理论教育（下半月行动版），2010，（10）：78—79.

挚的。教师应该认识到，真诚不仅有助于交往双方的坦诚相见，彼此了解，而且是一种巨大的教育力量。学生对教师施加的教育影响，常常是选择地接受，这种接受的程度决定于学生对教师的接受程度。学生在与教师的交往中，只有感到被信任，可以充分展示自己的生命全貌之后，才愿意去回应给老师信任感和对老师生命全貌的接纳。学生对老师的信任度和接纳度有多高，对老师所传递的教育影响的接受度就有多高。另外，教师的真诚会成为学生的榜样，让学生学会真诚。

（四）接纳与尊重

在传统的教育学和心理学中，关于接纳与尊重有不少论述，但大多偏重于从伦理学范畴，亦即从教师的职业道德的角度来论述，对于在师生交往中，接纳与尊重论述较少。在现实的教育实践中，由于教师以权威者、教导者角色自居，真正发自内心地接纳和尊重学生的教师并不多，由于教师的居高临下以及对学生尊重程度欠缺，在师生交往中，学生总是处于被动的地位，在心理上也对教师具有排斥心理，导致师生交往中单向信息发布多、双向沟通少等。因此，要建立良好的师生关系，作为教师应具有宽广的胸怀，接纳并尊重学生。

接纳与尊重与教师对学生的认识和情感是紧密地联系在一起的。首先是基于教师对学生发展潜能的信任，教师只有相信学生具有发展的潜能，才能真正接纳学生，对学生充满信任和期待，用自己的爱心、细心和耐心点燃学生上进的火焰。也只有相信学生所具有的发展潜能，形成"好学生"的认知，才有对学生真正的尊重。其次是和教师的人生态度联系在一起，一个教师如果具有积极的人生态度，才能发现学生身上的闪光点。反之，人生态度以及职业态度消极的教师，就失去了敏锐地发现学生优点的心理基础，所看到的只是学生的缺点和不足，也就谈不上对学生的接纳和尊重了。

在师生的人际交往中，教师只有真诚地接纳和尊重学生，学生也才能真诚地接纳和尊重、认同教师，才能建立良性的沟通渠道。在教师对学生的接纳与尊重中，它包括以下内容：

（1）把学生当成和自己一样的人去接纳和尊重，而不是虚伪地接纳和尊重。

（2）教师对学生的接纳和尊重不是对学生无理性、无信念的溺爱和迁就，而是一种胸怀。也不意味着教师对学生所有行为的接纳和尊重。对学生的不良行为，教师亦可进行批评，促使学生的行为合理化。

（3）对学生的接纳和尊重，并不意味着教师丧失自我，在接纳和尊重学生的同时，教师的个性也应保持。如果以丧失自我、个性为代价，这种接纳和尊重本身就是有问题的。

（4）接纳和尊重要求教师给予学生自由表达、表现的时间和空间，并对学生表达、表现的内容和形式给予肯定，不轻易去否定学生的见解，不轻易对学生随便地做出"好"或"坏"的判断。教师应该学会聆听、关注，给学生以信心和勇气。教师对学生表现的移情式理解对于促进师生沟通是至关重要的。

（五）互惠与互动

互惠是指在师生双方的交往中，教师应该意识到，良好的师生关系并不仅仅具有教育意义，而且对教师来说也具有明显的个人意义，在交往中，师生双方均有所得。互惠性认知对于教师摆正交往心态具有积极意义。互动性是指教师应该认识到良好的师生关系是师生双方共同努力的结果，只有双方都具有积极性，主动参与到交往活动中，才能形成双方交流，相互交流、相互影响、相互补充，从而达成共识、共享、共进。互惠性和互动性昭示着师生双方的交往，将改变传统的教与学的关系，师生之间形成彼此有密切联系的真正的"学习共同体"。但是在现实的教育教学实践中，由于部分教师对师生关系的理解存在一定的认识误区，导致教师中心主义和管理主义倾向，师生关系是一种单向的教师教导学生的关系，师生沟通是单向信息发布过程，学生的主体性受到压抑，由此导致部分学生对教师的怨恨和抵触情绪，师生关系经常处于冲突和对立之中，这种冲突和对立不仅导致教育教学效果低下，而且师生双方彼此都受到很深的伤害，如学生厌学、自卑等，教师对职业活动处于厌恶状态等。在互惠和互动中，教师应认识到，师生交往的互惠性是一种必然，而互惠性的实现离不开双方积极的互动。这种认识对于教师的交往心态和互动行为影响是明显的。

二、交往技巧观

师生之间建立良好的人际关系不仅需要教师明确交往的方向和价值取向，而且依赖于教师良好的交往技巧，但是，交往技巧并不单纯是技术性的问题，它也和教师的交往认知是联系在一起的。在传统的师生关系中，师生之间经常出现冲突，导致关系恶化，既不利于教育教学效果的提高，也有损于师生双方的心理健康。造成这种现象的原因既有交往技巧的原因，更和教师对交往所持的技巧观有关，如教师认为，教师是学生的教育者，如果主动和学生交往，教师就丧失了自尊，等待着学生主动与自己交往。这种观念很容易使师生沟通不畅，因为学生尽管有"向师心"，但内心对教师是存在一定"敬畏感"的，学生期待着教师能主动与自己沟通，所以当他们发现教师并没有表现出主动性，他们会失望，也失去了与教师交往的信心和勇气。因此，作为教师应该认识到存在沟通困难的原因，探讨有效的交往方式。

（1）打破"对好学生的偏爱"，理解学生。每一位教师在与学生的交往中，都有一种对学生的比较稳定的理解，这种理解构成教师评价学生、理解学生的标尺。"好学生"就是教师对每一个学生的基本期望。"好学生"应该具有的品质在不同的教师身上虽有差异，但共同性是存在的，如无条件尊重老师，从不反驳教师的命令和要求，好学不倦，能够长时间不分心地读书，上课时始终保持安静，保持形象，为学校增光，有礼貌等。这种情况如果不打破的话，教师很难对学生有正确、积极的心态，从而影响教师的交往行为。

（2）主动性。学生都有"向师性"，"向师性"是学生对老师积极趋向的心态。在师生交往中，如果教师主动与学生交往，学生的向师性就会表现得非常明显，与老师的交往频率、强度都会加大；如果教师只是等待，没有主动的行为，学生的"向师性"会受到抑制。教师主动地与学生交往是良好师生关系的重要因素，如有个学生在街上遇见老师，当学生尚未开口时，教师主动叫出学生的名字，询问学生，令学生非常感动，以后再见到这位老师，学生总是远远就开始打招呼。换言之，教师主动能够令学生感动，心与教师贴得更近。

（3）学会聆听。聆听是一种态度，也是一种交往技巧，善于聆听对对方是一种鼓励、心理支持。在人际交往中，互惠性是一个基本特点，任何人都期待通过交往有所收获。在师生交往中，特别是在当今时代，信息来源渠道的多样化使教师作为信息的拥有者的角色淡化了，学生可能掌握教师所知道的信息。所以，在交往过程中，教师对学生的聆听既体现出对学生的尊重，反过来使学生尊重老师，也使教师能获得更丰富的信息。在聆听过程中，要避免轻易地打断学生、轻易地做判断。

（4）学会表达。表达是人际沟通的基本手段，表达的技巧高低对人际关系的建立的影响是不可低估的。但是在教育实践中，在与学生的交往中，教师的表达技巧是存在一定问题的，如不少教师在表达对学生的爱和期待时，常常使学生不能准确理解，以致产生误解。也有不少教师，不能与学生采取理性沟通方式，通常以权威者的角色表达自己的意思和命令。也有一些教师在表达自己的情感时，在学生面前过分抑制，当学生取得成绩时，告诫学生要戒骄戒躁，不能使学生体验成功的快乐。这些教师的表达方式都是存在问题的。教师应该学会在学生面前表达自己的感情，表达自己的态度和观点，赏识教育、成功教育都告诉我们，教师应该相信学生、欣赏学生，教师对学生的赏识也会换来学生对教师的赏识，消除心理沟通的障碍。

（5）学会与学生共同活动。在活动中，人与人之间会理解得更深刻。学生实际上渴望在活动中有教师的参与，在经常地参与学生活动的过程中，教师可以近距离地观察研究学生，学生也可以观察研究教师，师生之间心理的认同感会更强一些，心理相融性更高一些。当学生把教师当作"自己人"时，会向老师敞开心扉。这些了解对于教师而言，不仅可以提高教育手段的针对性，而且也有助于师生个性的和谐发展。

第四章

师生成长共同体的建设与实施

当代大学生多元化的性格与理念，为高校大学生教育管理工作带来了难度，通过构建师生成长共同体，树立共同成长理念，促进高校师生互相学习、互促互进、共同成长。本章主要围绕师生成长共同体及其构建、师生教学共同体的运作以及师生管理共同体的实施展开论述。

第一节　师生成长共同体及其构建

一、师生成长共同体的认知

（一）师生成长共同体的理论依据

自古至今，许多教育家、很多教育专著都阐释了和谐的师生关系、良好的教育生态对教育的重要意义。从孔子"对话式教学"的实践，到《礼记·学记》"教学相长"的教育思想，再到陶行知"师生共学、共事、共修养""教、学、做合一"的论述，乃至西方的心理发展理论、建构主义理论、多元智能理论、人本主义教学理论、合作教学理论、群体动力理论等，都蕴含了师生共同成长、共同发展的理论。这些理论也为我们进行"师生成长共同体理念与实践探索"课题的研究提供了依据。

1.孔子"对话式"教学

《论语·先进》中有"子路、曾皙、冉有、公西华侍坐"一节，其内容是：子路、曾皙、冉有、公西华侍坐。子曰："以吾一日长乎尔，毋吾以也。居则曰，不吾知也。如或知尔，则何以哉？"子路率尔而对曰："千乘之国，摄乎大国之间，加之以师旅，困之以饥馑；由也为之，比及三年，可使有勇，且知方也。"夫子哂之。"求，尔何如？"对曰："方六七十，如五六十，求也为之，比及三年，可使足民。如其礼乐，以俟君子。""赤，尔何如？"对曰："非曰能之，愿学焉。宗庙之事，如会同，端章甫，愿为小相焉。""点，尔何如？"鼓瑟希，铿尔，舍瑟而作，对曰："异乎三子者之撰。"子曰："何伤乎？亦各言其志也。"曰："莫春者，春服既成，冠者五六人，童子六七人，浴乎沂，风乎舞雩，咏而归。"夫子喟然叹曰："吾与点也！"[①]

　　"侍坐"，是中国古代儒家文化内流行的弟子亲近先生的一种方式——弟子或一人或多人到先生处坐坐，同先生聊天，并趁机向先生讨教一些问题；同时，先生也会借此机会"润物细无声"地教导弟子一番。总之，"侍坐"是一种十分自然的、非常生活化的"交谈"场景。

　　子路、曾皙、冉有、公西华坐在老师身边聊天，这显然是一个轻松自如的"侍坐"环境。交谈声、鼓瑟声、笑声，声声和谐。在这个和谐的环境中，孔子似乎只是一个旁听者，他不断地征询弟子们的观点："求，尔何如？""赤，尔何如？""点，尔何如？"显得非常亲切。而弟子们则侃侃而谈，毫不介意地"各言其志"，各抒己见，将自己的观点表达出来。孔子并没有多加评论，只是说了四个字"吾与点也"，意即"我赞成曾皙的看法"。这"吾与点也"四个字，看似轻描淡写，随口说来，却是画龙点睛之笔，是这场"侍坐"交谈的落脚点。孔子没有直接指出子路、冉有、公西华三人的错误或不足之处，最多也只是"哂之"（朱熹《四书集注》："哂，笑也。"），但是"吾与点也"这四个字足以让他们反思许久，并且最终会有所得。孔子这种"对话式"教学体现的师生平等的理念，对今天的教育教学仍有重要的指导意义。

　　2.《礼记·学记》"教学相长"教学

　　《礼记·学记》是中国古代也是世界上最早的专门论述教育教学问题的论著。《礼记·学记》文字言简意赅，喻辞生动，系统而全面地阐明了教育的目的及作用，教育和教学的制度、原则和方法，教师的地位和作用，在教育过程中的师生关系以及生生关系。"教学相长"的教育思想表明，教师在教育学生的同时，自己的学问和品德修养也可以得到提高。这种提高，源于教师在教育教学过程中的自我反思，也源于和学生进行的相互交流、相互启发，这也在理论上对"师生成长共同体"的研究产生了积极的指导意义。

---

　　① 付鑫，张亮.大学生思想政治教育[M].成都：电子科技大学出版社，2017.

3.陶行知双重教学

陶行知是中国现代教育史上的著名教育家，同时又是坚定的民主战士和大众诗人。其博大精深的教育思想、超凡脱俗的人格魅力，给后人留下了永世传颂的精神财富，对中国特色教育科学理论体系的建立和现代教育有着深远的影响。其中，"师生共学、共事、共修养"与"教学做合一"的理念作为陶行知一生倡导的重要教育思想，被后人广为推崇。

（1）师生共学、共事、共修养。陶行知一生严于律己，凡是要求学生做到的，自己首先做到。在培养教育学生时，他时常要求，"要学生做的事，教职员躬亲共做；要学生学的知识，教职员躬亲共学；要学生守的规矩，教职员躬亲共守"。他的观点与孔子不谋而合。孔子认为教师只有"学而不厌"，才能"诲人不倦"。陶行知提倡教师要虚心向民众学习，向学生学习，与学生共甘苦，陶行知要求师生共学、共事、共修养，对教育者提出了高标准严要求，包含着以下实际的德育方法。

第一，要求师生共同生活，同甘共苦，心灵沟通，以便了解学生周围的环境、学生的思想和需要，从而拟定切实可行的教育方法。

第二，教育者放下"教师"的架子，与学生共学共事，平等待人。师生感情融洽就能产生共同的语言，教学相长，既破除了师生间的隔阂，又打开了学生身心的枷锁，从而养成尊师爱生的民主风气[①]。

第三，教师时时处处为人师表，与学生共守规章制度，言传身教，砥砺品行，有助于师生形成良好的道德风尚。

"师生共学、共事、共修养"的理念表明，教师不能单纯地教，还要学，而且要与学生"共学"；不仅在学业上如此，在做事上，在品德修养上也都是如此。因此，叫作"师生共学、共事、共修养"。

（2）教学做合一。教学做合一这个理论包括三方面：一是事怎样做便怎样学，怎样学便怎样教；二是对事说是做，对己说是学，对人说是教；三是教育不是教人，不是教人学，乃是教人学做事。无论哪方面，"做"成了学的中心，即成了教的中心。想要教得好，学得好，就须做得好。想要做得好，就须"在劳力上劳心"，以收手脑相长之效。在陶行知教育思想体系中，"教学做合一"这一教育方法，涵盖非常丰富，体现着他的手与脑结合、劳力与劳心结合、理论与实

---

① 徐崇文.师生成长共同体构建与实践探索[M].济南：山东友谊出版社，2014.

践结合等教育主张。

"教学做合一"的理念表明，教、学、做是一个整体，应该有机结合：教师应该在"教"中"学"，不断提高自身学识与修养；学生应该在"学"中"教"，在团队互学互教中共同进步；师生应该在"教"与"学"中"做"，在共同的实践中共同成长。

（二）共同体组织的发展

1.共同体

"共同体"在教育领域的研究探索源于20世纪杜威的学校概念（《雏形的社会》，杜威，1916），几乎成为此后每次教育改革必然出现的讨论内容之一。国内外研究最有成效的当是"学习共同体"，随之衍生出"道德发展共同体""教师发展共同体""实践共同体"等，实践应用分别取得了一定的成效。近年来，尤其是实施新课程改革以来，基于教育研究与实践已受到我国教育理论界的关注，如近年来的导师制研究。但其研究仅局限于教师对学生的单向指导，强调的是教师对学生的作用，较少涉及师生共同体成长的问题。

组成"共同体"是人生存发展的本能需要，是人类社会发展的必然产物。人们为了一个共同的目标结成一个共同体的时候，他会得到更多的安全感、归属感，能够在这个"共同体"中得到同伴的帮助而减少自身面临的挑战与压力。同时，也能在帮助同伴的过程中体验到自身的价值，激发出自己的潜能。每一位教育工作者都应该认识到，教育是师生共同合作的生活，教师和学生之间本来就应该是一个"共同体"，他们之间带有浓厚生活气息的合作生活是每一位教育工作者努力的方向。

2.学习共同体

"学习共同体"也可以称为"学习社区"，是有助于学习的学习平台，支持建立知识和意义协商。不仅如此，"学习共同体"已经成为当今时代中不可缺少的一部分，是知识创造的社会基础。它强调人与人之间的心理相容性和沟通能力，并在学习中发挥出集体作用。"学习共同体"以需要一起完成的学习任务为媒介，强调交互式学习概念在学习过程中的作用，并通过各种学习资源的交流、交换和共享相互影响，从而促进成员们整体成长，彼此互相促进。它与传统的教育指导和教育组织不同，主要区别在于"学习共同体"更加注重人际关系能力，在学习中发挥集体动机的作用。

"学习共同体"是一组学习者及其助手（包括老师、辅助人员、专家、顾问等）。他们在学习过程中经常互相沟通和交流，共享各种学习资源，共同完成特定的学习任务，形成相互影响，促进成员之间的相互联系。这和传统的教学方法非常不同，在传统中，教师和学生在课堂上同时进行活动，并可以轻松地彼此面对面地交流，并自然地形成一个特定的学习社区。学习小组、班级或学校都有成为学习社区的可能。

建立学习社区非常重要，满足学习者的自尊和归属感需求。在一个学习社区中，学习者认为，他们和其他学习者属于同一个组织，是一个不可分割的整体，一起学习活动，遵循共同的规则，并且价值取向和喜好也是相同的。学习者的归属感、认同感和对社区其他成员的尊重有助于增强学习者的参与度，让他们可以持续进行学习活动。

"师生成长共同体"在"生生互助"的层面上继承了"学习共同体"的基本要素：一是积极的相互依赖，使小组成员确信他们"同舟共济"；二是面对面的交互作用，确保小组成员能直接交流；三是个体责任；四是合作技能，即与他人在小组中协同学习所需要的组织能力、交流能力、协同能力、相互尊重的态度等；五是集体自加工，小组成员采取自我检查或反馈方式考查集体学习进行得如何并提出改进措施。

同时，"师生成长共同体"又在此基础上有了发展和创新，那就是它同时强调生生互动和师生互动，不仅要实现学生在合作学习中的成长，还要实现教师在整个教学活动中通过师生互动得到的提升。换言之"学习共同体"更多的是指向"学生的学"，其目的就是要促进学生的学，而没有关注"教师的教"和"教师本身的成长"。

3.导师制

大学期间有三种不同的教育模式，分别是导师制、学分制和班建制。导师制相比其他两种教育模式的最大不同是，在这种教育模式下，师生之间的联系越来越紧密。学生在学习阶段，不仅自己的学习由导师指导，自己的生活和品德等也需要导师的指导。导师制更好地体现了全员教育、全课程教育和全能教育的现代教育理念，更好地满足素质教育需要，为社会培养所需人才。导师会根据个体差异对学生教学，指导学生的学习生活等各方面。导师制将教师育人的责任上升到了制度层面，让教师全方位指导学生，这是教师的工作职责。

在此基础上，一些研究人员将导师制发展为全员育人导师制，这种制度将学生分为小组或宿舍，以便学校中所有教师参与教育并充当导师。在这种导师制下，要求所有老师都关心和关注学生，从学生进入校园，直到他们毕业，学生的学习生活和道德教育都离不开导师的教育和指导。

不可否认，导师制使学生得到了更为人性化、细致化的教育和引导，促进了学生的健康成长。但是导师制也有其不足之处，那就是它在师生关系构建中强调的是教师的"导学者"地位和学生的"被导学者"地位，这种"导学"关系存在的基础就是"导学者"和"被导学者"的不平等地位，同时，这种"导学"关系也有着与"学习共同体"同样的不足：仅指向"学生的学"而忽略了"教师的教"和"教师本身的成长"。

4.师生成长共同体

"师生成长共同体"指具有共同愿景的师生在团体情境中通过有效互动而促进师生共同成长的教育活动组织。它是具有共同愿望和发展目标的师生，在彼此尊重、理解、坦诚、关爱、接纳、民主、平等、和谐的氛围中，就思想、心理、行为、生活、学业、教学等方面存在的问题，共同合作交流，制定目标计划，探讨解决办法，不断实践反思，促进学生健康成长，促进教师专业发展的一种组织。

"师生成长共同体"在继承"学习共同体"和"导师制"等研究与实践经验的基础上，又对其进行了创新与发展，它努力构建亲密和谐、平等包容的师生关系，并在"师生关系和谐"的基础上构建"和谐的教育生态"；"师生成长共同体"不仅指向"学生的学"，还指向"教师的教"和"教师本身的成长"，其目的不仅是要促进"学生的学"，还要促进"教师的教"和"教师本身的成长"，要促进教师和学生的共同成长，从而构建师生共同成长的精神家园。

二、师生成长共同体的构建

（一）师生成长共同体构建理论

1.群体动力学理论

群体动力学亦称"团体动力学"，是试图通过对群体现象的动态分析发现其一般规律的理论。它以群体的性质、群体发展的规律、群体和个人的关系、群体和群体的关系等作为研究对象。这一理论对社会心理学、组织管理心理学的形成和发展有很大的影响，特别是对研究群体行为做出了重要贡献。最早在文献中使用群体动力学这一术语的，是其创始人库尔特·勒温。

群体动力学理论认为，个体的行为是由个性特征和场（环境的影响）相互作用的结果。人们结成的群体处于不断相互作用和相互适应的过程之中，能够产生一种"内部能源"，当所有人为了一个共同的学习目标展开活动时，相互依靠别人提供动力（互勉、互助、互爱），实现群体效益的最大化。

"师生成长共同体"正是要师生结成这样一个共同发展的群体（团体），让他们在共同目标的引领下，在不断相互作用和相互适应的过程中，产生一种"内部能源"，产生教育的谐振效应，从而最大限度地激发"共同体"内每个成员的潜力，实现他们的共同成长。

2.心理发展理论

维果茨基是苏联建国初期的著名儿童心理学家，他主要研究儿童的思维与言语、教学与发展的关系问题。维果茨基的儿童心理发展理论主要反映在《思想和言语》和《高级心理机能的发展》等著作中。

维果茨基的心理发展理论表明，教育教学是一个系统工程，它不同于工业生产，并不是教师和学生一味地多付出努力就一定能取得应有的成效，这其中要关注的一个非常重要的因素就是学生的心理发展水平。教师们看到了学生的心理发展水平、心理状态对学习状态、学习效果的重要影响，因而让师生构建起一个共同成长、共同发展的团队，让每个人在这个团队中得到心理成长的指导和帮助，从而促进每名学生的健康成长，也促进教师队伍的和谐发展。

3.建构主义理论

建构主义也译作结构主义，是认知心理学派中的一个分支。建构主义认为，知识不是通过教师传授得到的，而是学习者在一定的情境即社会文化背景下，借助其他人（包括教师和学习伙伴）的帮助，利用必要的学习资料，通过意义建构的方式获得的。

由于学习是在一定的情境即社会文化背景下，借助其他人的帮助即通过人际间的协作活动而实现的意义建构过程，因此建构主义学习理论认为，"情境""协作""会话"和"意义建构"是学习环境中的四大要素或四大属性。

（1）"情境"：学习环境的情境应有助于学生建构所学知识的含义。这对设计教育提出了新的要求。换言之，在建构主义学习环境中，教学设计应该考虑得更加全面，不仅是分析教学目标，还应考虑创造有利于学生意义构成的情境。情境创造在教学设计中是非常重要的内容。

（2）"对话"：对话是协作过程中不可或缺的一部分。学习小组成员应讨论如何通过对话完成学习任务。协作学习过程也是一个对话过程，在这个过程中，每个学习者的思维结果（智慧）由整个学习小组共享。因此，对话能够帮助实现意义建构。

（3）"意义建构"：在学习的整个过程中，需要达成的最终目标就是"意义建构"。在这一环节中，需要建构的是事物的本质和规律，以及它们彼此之间的内部联系。帮助学生在学习过程中建构意义，帮助学生加深对所学习的内容中体现的本质、规律以及不同事物之间内在联系的理解，这种理解在大脑中对所学知识建立认知结构。在上述"学习"的含义中，可以看出学习的质量不是学习者再现老师思维过程的能力的函数，而是学习者建构意义的能力的函数。换言之获得的知识量取决于学习者根据自己的经验能够构造多少知识含义，而不是学习者记忆、背诵老师所教内容。

"师生成长共同体"正是从建构主义理论中得到启发。以"师生成长共同体"为基础的"三步五环节"课堂教学策略和"三步五环节"德育主题教育活动模式的设计，也特别强调"情境""协作""会话"和"意义建构"，引导师生精心设置教学和活动"情境"，并在特定的"情境"中，通过师生之间、生生之间的"协作""会话"共同实现"意义建构"，达成教学目标和德育目标。

4.多元智能理论

多元智能理论是由美国哈佛大学教育研究的心理发展学家霍华德·加德纳在1983年提出的。加德纳在研究脑部受创伤的病人时发觉他们在学习能力上的差异，从而提出多元智能理论。多元智能理论表示，人类的智能是多元化而非单一的，它主要是由语言智能、数学逻辑智能、空间智能、身体运动智能、音乐智能、人际智能、自我认知智能、自然认知智能、存在智能（加德纳后来补充）九项组成，每个人都拥有不同的智能优势组合。

（1）语言智能：是指有效运用口头语言或文字表达自己的思想并理解他人，灵活掌握语音、语义、语法，具备将言语思维、言语表达和欣赏语言深层内涵的能力结合在一起并运用自如的能力。拥有这种能力的人适合做政治活动家、主持人、律师、演说家、编辑、作家、记者、教师等。

（2）数学逻辑智能：有效地计算、测量、推理、归纳、分类，并进行复杂数学运算的能力。这项智能包括对逻辑的方式和关系、陈述和主张、功能及其他相关的抽象概念的敏感性。拥有这种能力的人适合做科学家、会计师、统计学家、工程师、电脑软件研发人员等。

（3）空间智能：准确感知视觉空间及周周一切事物，并且能把所感觉到的形象以图画的形式表现出来的能力。这项智能包括对色彩、线条、形状、形式、空间关系很敏感。拥有这种能力的人适合做室内设计师、建筑师、摄影师、画家、飞行员等，

（4）人际智能：能很好地理解别人和与人交往的能力。这项智能具有善于察觉他人的情绪、情感，体会他人的感觉感受，辨别不同人际关系的暗示以及对这些暗示做出适当反应的能力。拥有这种能力的人适合做政治家、外交家、领导者、心理咨询师、公关人员、推销等。

（5）自我认知智能：自我认识和善于自知之明并据此做出适当行为的能力。这项智能具有能够认识自己的长处和短处，意识到自己的内在爱好、情绪、意向、脾气和自尊，喜欢独立思考的能力。拥有这种能力的人适合做哲学家、政治家、思想家、心理学家等。

（6）自然认知智能：善于观察自然界中的各种事物，对物体进行辨识和分类的能力。这项智能指有着强烈的好奇心和求知欲，有着敏锐的观察能力，能了解各种事物的细微差别。拥有这种能力的人适合做天文学家、生物学家、地质学家、考古学家、环境设计师等。

（7）存在智能：人们表现出的对生命、死亡和终极现实提出问题，并思考这些问题的倾向性。

在人才观上，多元智能理论认为，几乎每个人都是聪明的，但聪明的范畴和性质呈现出差异。学生的差异性是一种客观存在，是由人的个性特质决定的，不应该成为教育上的负担，相反，这应当是一种宝贵的资源。差异性是一种此长彼消，教育中发现每个学生的"长"，扬长避短，就是教育和教育对象的成功。我们在"师生成长"中要求教师改变以往的学生观，用赏识和发现的目光去看待"共同体"中的每一个学生，改变以往用一把尺子衡量学生的标准，认识到每位

学生都是一个天才，从而用个性化的方法对不同的学生进行不同的教育。在教学方法上，多元智能理论强调应该根据每个学生的智能优势和智能弱势选择最适合学生个体的方法，也就是要考虑个体差异，因材施教。我们要求共同体指导教师在教学中根据学生的差异，运用多样化的教学策略，促进学生潜能的开发，最终促进每个学生都成为最优秀的自己。

在教育目标上，多元智能并不主张将所有人都培养成全才（这是不可能实现的），而是认为应该根据学生的不同情况来确定每个学生最适合的发展道路。通俗而言，多元智能理论是主张让每个学生都"各得其所"。我们在"师生成长共同体"育人机制中全面考虑学生的多元智能，在"共同体"构建中遵循"体内异质、体间同质"的原则，在"共同体"师生活动中，充分发挥"共同体"每个成员的特长，让所有成员最终实现"人人进步，个个成才"的目标。

在教学策略上，要在"师生成长共同体"机制下创设"三步五环节"教学策略，在教学环节上，重视三方面：一是重视自主学习和探究，以利于学生自我认知能力和自然认知能力的培养；二是重视"共同体"合作学习和讨论，以利于人际智能的培养；三是重视最后的反思环节，培养学生的内省智能。我们力争使课堂教学丰富多彩，课堂互动形式多样，让学生的主体地位更加明显，努力培养学生的多种智能发展。

5.人本主义教学理论

罗杰斯是当代美国著名的人本主义心理学家之一。人本主义教学理论认为，在课堂教学中要贯彻"非指导性"的思想，必须遵循一些基本的原则或要求。其中，最基本的原则是：教师在教学中必须有安全感。他信任学生，同时感到学生同样也信任他。总之，课堂中的气氛必须是融洽的、诚意的、开放的、相互支持的。其具体原则如下：

（1）"推动者"（老师）与学生共同制订课程的学习计划，确定管理方法，一起承担责任。在这种情况下，学生不再像传统教学中一样，他们也具备了话语权，可以提出自己的想法和建议。

（2）"促进者"鼓励学生使用不同途径获得各种学习资源，他们在学习过程中，可以充分积累自己的学习经验，通过书籍和各种参考资料以及和其他同学的交流，将这些知识和经验"带入"课堂中。

（3）让学生单独制订学习计划，或者在制订学习计划时和其他同学一起。

让学生充分地探索自己的兴趣，并在教学过程中将自己的兴趣运用其中。这样学生不仅能够在选择学习方向时有自主权，也能够对自己选择的结果负责。

（4）为促进学生学习的效果营造良好的氛围。好的课堂氛围应该充满真理、思考和理解。这种气氛的营造者为"促进者"，随着学习过程的持续，学生将越来越自然地流露出这样的情感和态度。

（5）在学习过程中，应该分清重点。学习过程的连续性比学习的内容更重要，前者是主要的，后者则相对次要。课堂结束的标志不是学生已经学会了"知识"，而是他们已经学会了如何掌握这些"知识"。

（6）由于学生设置了自己的学习目标，因此为实现这些目标所进行的培训形式应该由学生自己执行。学生应该意识到这种培训是他们必须承担的责任。自我训练才是最好的培训方式。

（7）学生可以自己对学习情况做出评价，这一点和传统教学方法完全不同，以往能由老师做出评价。当然，其他学生和"促进者"也应该对学习情况做出评价。只有这样，才能得到更加客观真实的自我评估，从而发挥评估的积极作用。

（8）鼓励学习的效率更高，让学习往更深的方向挖掘，并更广泛地渗透到学生的日常生活中。这个要求在现实的学习过程中完全可以实现，由于学习方向由学生决定，因此学习活动是学生自愿进行的，在整个学习过程中学生的个人情感都可以沉浸其中。

"师生成长共同体"继承了人本主义教学理论的思想与原则，致力于构建亲密和谐的师生关系，促进师生之间的信任，营造融洽的、诚意的、开放的、相互支持的教育氛围，无论在日常德育中还是在课堂教学中，都始终将师生之间的关心、合作、信任、互助放在重要位置，构建了良好的教育生态。

6.合作学习理论

多年来，西方国家已经开发了协作学习。如果只看美国的情况，目前有100多种协作学习方法和策略来进行学习。而且，每种方法都在进行演变。但是，这些方法和策略根据共有的特征，可以分为正式的协作学习、非正式的合作学习和基层合作组织学习三种类型。

（1）正式的协作学习。在正式的协作学习中，小组成员是固定的，他们的分工都非常明确，小组成员彼此之间建立的关系所持续的时间不会太长。通常，组织方法主要包括四种类型：第一，分层计分法；第二，小组活动竞争方法；第三，小组促进方法；第四，团体调查法。除此之外，还有一些别的方法，都是由不同的人创造的。他们都试图将学习小组置于特定的协作过程中，使他们可以在互动中改善智力，在社会中可以更好地发展。他们的目的相同，但是帮助学生协作的方法不同。因此，这些方法都具备不同的特征，覆盖范围也不同。

（2）非正式的合作学习。这种合作学习也许只持续几分钟已完成简短讨论。如密友（同伴）阅读法、对话记录法、读书会、思考（同伴）交流法等。

（3）基层合作组织学习。基层合作组织是指合作基层团体。小组由不同个性的成员组成，代表学校中不同类型的人，他们的性别不同，能力不同，文化背景不同，但是在基层合作组织之间建立的关系可以维持很久。

尽管我国开展合作学习研究的时间不长，但是已经建立了独特的合作学习模式。这些合作学习模式对不同的群体有着不同的帮助。主要模型首先是基于分层教育和分层评估的分层协作学习模型，采取小组协作的形式所进行，希望小组成员能够共同发展。其次，是相互支持的协作学习模型。它形成于学习小组之上，系统地利用教学方法的动态要素来促进学生学习。再次，是构建—合作学习模型，该指导模型将建构主义学习理论和小组合作指导集合为一体，由此形成了一种组织形式。最后，是学生自主合作的学习模式，是旨在培养学生实践技能和创新意识的学习模式。在这种学习模式下，学生可以自己定义学习进度，自主探索，促进小组成员间积极互动，非常具有优势。

"师生成长共同体"采用了"正式的合作学习"的方式，每个"共同体"有固定的成员，即6～9名学生和1～2名指导教师，成员中有组长1名，每个成员都有明确的分工和职责，他们有共同的发展目标和任务，形成了独特的共同体文化。

（二）师生成长共同体的组织建构

"师生成长共同体"组织形式主要有三种：第一，管理共同体——以行政班为基础组建，由6～7个共同体基本单位构成，每个共同体由6～9名学生和1～2名教师组成；第二，教学共同体——以教学班为基础组建，由6个共同体基本单位构成，每个共同体由来自同一行政班的学生和1～2名教师组成（6个行政班为1

个走班单元）；第三，社团共同体——以社团为基础组建，由具有共同兴趣、爱好、需要和个性特长的师生构成。

1.管理共同体与教学共同体构建

（1）构建原则。

第一，"体内异质，体间同质"原则。即按照"兼容差别，优化组合"的原则，采用"体内异质，体间同质"的编排方式，组建共同体。具体做法是：根据男女生比例、学生入学成绩和入学后摸底调研考试成绩，结合学生在军训和日常生活中的表现，对学生的思想状况、认知能力、学习水平进行综合分析，特别注意对学生的综合能力进行分析研究，最后以发展的观点来观察学生所处的层次，"因人划类，以能分层"，组建共同体。这种编排方式既能使各共同体内成员相互学习、相互帮助、优势互补，各自发挥长处、改进不足，又能保证共同体之间的差异不至于过大，相对平衡，从而便于统一管理，统一开展活动。

第二，指导教师的任职条件原则。基于指导教师对学生"思想引导、心理疏导、生活指导、学业辅导"的工作职责，全校范围内只要取得教师资格证且有过从教经历的学校领导、中层干部、任课教师和各职能科室教学辅助人员，都可以参与到"师生成长共同体"的活动中，做"师生成长共同体"理念的践行者、体验者和推动者。

（2）组建方式。

第一，学生分层方式。班主任在综合分析学生的性别、性格、文化课基础、组织、活动能力等因素，特别注意分析学生个性特点的基础上，将本班所有学生分为三个层级（特优C层、优秀B层、待优A层），将学生编号为C1、C2、C3……B1、B2、B3……A1、A2、A3……在征求学生和指导教师的意见后，将不同层级学生按照"体内异质，体间同质"的构建原则，编组成每班不超过9个共同体。

第二，指导教师的选拔方式。原则上指导教师和共同体学生实行双向选择方式。也可由班主任根据班级共同体建设和任课教师情况，搭配编组指导教师，特殊情况由组织统筹安排，确保每个共同体至少有1位教师指导。指导教师具体指导所分管共同体的建设以及共同体管理、学习、活动的开展，对共同体成员进行思想引导、心理疏导、生活指导、学业辅导等"四导"工作。

第三，共同体组成方式。每个行政班组建不超过9个共同体；每个共同体由6

名学生（特优C层2人、优秀B层2人、待优A层2人）和1名教师组成为宜，设共同体组长1人。

2.社团共同体构建

"社团共同体"作为"师生成长共同体"的组成部分，指的是由学习者及其助学者共同构成的团体。它是在指导教师的指导下，学生自主管理、自主教育、自主发展的社团组织，在"社团共同体"中，指导教师和成员具有平等的话语权和参与权，师生在社团活动中共同成长、共同进步。

社团共同体是一种机制，一个平台，一种组织，要实现和谐有效的运转，取决于三方面：一是社团领导组织要有活力、领导力、执行力；二是社团的整个组织体系要设计合理和科学，有利于社团高效地开展活动；三是社团要建立严格而科学的制度，依据制度组织开展活动，减少活动的随意性和无序性。

第二节　师生教学共同体的运作

建构主义认为，知识的获得不是学习者简单接受或复制的过程，而是积极主动建构的过程。每个人都对客观世界有着自己的理解和独特的意义。

人类以自己的经验为基础来建构事实，或者是在解释事实。人类除了通过直接经验的方式获得个体经验以外，还在同其他人的交往过程中获得间接经验，包括人类社会的历史经验。其间渗透着人们的价值观、理论假设和知识经验背景。但是，个体建构的知识未必是合理的，所以它需要与群体或共同体进行交流，在协商过程中，追求知识建构的合理性。换言之，学习可以理解为"学习是知识的社会协商"。所以学习不仅仅是个体的独立思考和个性感受，而要在一定的群体背景中展开。这个群体背景就是一个教学与学习共同体。教学共同体的整个探究学习过程需要有一个展现"如何去学""如何去做"的情境范式。

走班单元教学共同体间的师资力量和学生学习水平要相对均衡分配，以便形成竞争与合作格局，实现班级教学共同体和任课教师实行双向选择，最大限度地实现"共同愿景"的和谐统一。建构教学共同体的三种形式：一是"走班单元教学共同体"；二是"班级教学共同体"；三是"教学共同体"。从确定主题、创设情境到共同体小组自主解决问题、完成课堂学案设计实践，共同体始终处于主动状态。指导教师只提供了问题的相关线索。在之后的探究中，教师与教师、学生与教师、学生与学生即成为名副其实的主角进行实践和学习，参与的共同体成员必须发挥主动性，并进行独立思考，才能实现学习目标。

一、课堂内容情景设计

教学共同体的教学必须以一定的模式探究为载体。这就要求所有的任课教师必须在课前编制好相应的导学案，设立课堂情境教学的一般进程模式，因为情境是一切认知活动的基础。平等、包容和开放的学习情境有助于激发创造性，在民主和公平的氛围下，各个共同体拥有了一个自由思考、自主判断的探索、研究空间。学生学到的知识只有在具体的实践应用过程中才能够被学生完全掌握和理解，在特定情境中获得的知识往往比在一般学习过程中学到的知识更清晰和更能记住。而我校确立的教学共同体在课堂的学习总是处于特定的情境中，由此实现了共同体学习内容几方面的诉求，提供了真实或模拟真实的环境，为理解和经验的互动创造了机会，共同体成员在教学设计的情境中完成知识建构、能力建构、思维建构，共同建构了教学中的学习共同体，是多元的协作建构，同时对教学和学习过程的评价和反思是又一层次的内容建构。共同体成员的主体性是教学共同体建构的内在动力。

二、学习共同体组合积淀

教学共同体所倡导的学习方式，必然要求学习者在学习实践中与他人相互依赖、探究、交流和协作。每一个共同体都强调共同信念和愿景，强调参与者在学习设计的各个时间段需要去分享各自的见解与问题或者疑惑，同时共同体鼓励每一位共同体成员主动探究，以达到对课堂所学内容的深层理解，鼓励成员间的合作交流并承担责任。在使用共同体教学的每一节课堂活动中，都突出体现了共同体成员的三种情感要素：归属感、分享和包容感。共同体促进了知识的获得和理解的升华，形成了高质量的集体知识实践库，促进了情感的分享；共同体成员之间相互尊重、善于接纳、充分表现个性、包容个体差异性。

在教学共同体中，学习活动的组织是极具挑战性的工作，以往的诸如"合作学习""研究性学习""讨论式学习"等学习方式都探讨过对课堂组织形式的重建，但很少有完美的效果。这也是现今课堂教学界关注的焦点。与传统教学中把教学的重点放在信息的传递方面不同的是，学习共同体的全部目标换言之是帮助学习者学会与同伴、教师和文本互动，从互动中学习，在频繁的互动中实现观点、数据、意见的相互交流，实现"人际对话"。所以关键的是教师要从讲桌上走下来，参与到共同体中去。要适时地调整好自己的角色，开发多种旨在让学生充分表现的教学组织形式，让教师的"教"为学生的"学"服务，根据不同的教学要求，采取"茶座式""讨论式""咨询式""导游式""评论式""交互式""拼图式""激励挑战式"等多种开放式的教学形式。

三、教师共同体团队组合

学生在课堂上形成了学习团队——教学共同体，必然要求指导教师打造一支开放的教学团队，在交流与合作中培育教学共同体。在具体的教学活动实施中教师转换了角色，改变了教学内容，但这并不是说就弱化了指导教师的作用。相反，原本的单一教师授课变为团队的协作教学，责任组团队的能力直接影响着共同体学习创造的质量。我们实施了述课评课、打造开放教学团队、建立互信与支持的行动策略。根据这一要求，建立责任组共同体和备课组共同体。在备课中，每一次都有一位主备人表述、讲解自己所要进行的教学设计的方案，分析对课堂内外教学的组织、构思及实施过程；在责任组共同体的联系中，每一次我们都根据自己所负责的班级共同体进行交流，互通有无。换言之，我们所要打造的就是一个大共同体下的各个精强的小团队，小团队的设立更是为了更好地达成教育的目的。实践的成功体验，教师团队、学生等参与者共同建构了不断成长的实践共同体。

教学不必要去掉客观世界的自然状态和复杂属性，并且必须在复杂性中执行教学。抛锚式教学也主张设计真实"宏观情境"的"锚"，并围绕"锚"组织教学，在自主学习和合作学习中由学生自己发现解决问题的方法，教师只是在学生遇到困难时提供一定的"脚手架"，以帮助学生进一步的理解。所以在共同体学习中，需要呈现给学生的东西应以能引发学生产生多义性理解为前提，而不是现成的结论。这就需要教师团队的有效合作，教研共同体开展卓有成效的课堂研究，组织集体备课，查找相关资料，设计合乎要求的可以科学实施的课堂流程。

四、教学共同体在课堂内的活动

有效的学习共同体能使学习者围绕某一真实的、复杂的主题，展开持续性的思考和讨论。但在现实教学中，往往会出现脱离文本、天马行空的泛泛空谈，这也是需要警惕的，对真正的学习无益。为此，有必要强调"核心问题"对于教学过程的控制。所谓核心问题就是对文本解读起统率作用的中心问题。"核心问题"往往和教学目的和教学重点相关，是以问题形式呈现的教学目标。一般而言，一个学习阶段（可以是一节课，也可以是半节课或多节课，根据教学内容而定）只用一个"核心问题"来统领，在这个"核心问题"之下可以由小组分解成若干个子问题。这样既可以保证学习过程的多义性理解，又可以使学习朝着统一的目标前进。

作为教学共同体，在课堂上，实质上是把教师和学生从一种"客位"的生活状态转向一种"主位"的生活状态。因为，为课堂教学以及课下共同学习而设立的教学共同体具有：教学目标的整体性、学习系统的开放性、学习过程的有序性、成员行为的主体性、师生关系的和谐融洽等特点。课堂，就是教学主体通过交往和对话构成的一个学习共同体，是开展教学活动的舞台，是教师和学生生活的主要场所。

共同体作为教学的基本单位，课堂中，实施"三步五环节"教学策略。"三步"是"自学—对话—评价"，五环节是"定标自学—合作探究—展示分享—精讲点拨—课堂评价"。

（一）"三步"教学活动

（1）自学。即自主学习，学生依据导学案给出的预设目标和内容进行自主学习，学生根据自己的认知方式学习，但原则上提倡学生自我选择、自我探索、自我建构、自我创造，着力培养学生独立思考、独立解决问题的能力，使自学成为学生学习的自觉行动。

（2）对话。即师生、生生间在民主、平等、和谐的氛围中交流互动，在师生交流对话中分享不同的情感体验，巩固、升华自主学习的成果，共同解决自主学习中的存留问题和新生成的问题。

（3）评价。包含着对学生学习效果的评价、学生学习品质的评价、教师教学的反思，等等。在课堂的每一进程中，时时伴随着评价，这里把评价作为一个独立的步骤，强调的是要保证课堂堂堂达标。

（二）"五环节"教学活动

1.定标自学

定标，即定学习目标、学习任务和学习要求。目标任务一般由教师以导学案的形式呈现。导学案一般由教师通过集体备课完成。课堂上学生按照导学案的要求，在预设的时间内自主学习解决基本问题，初步理解和记忆主干知识和核心内容，通过思考产生疑问带着问题进入合作探究。

一般而言，对学生的自学有三个层次的要求：一是完成学案上老师预设的问题，了解学习文本的主要知识点、需要掌握的知识、考查的技能等；二是要对学案中涉及的问题进行质疑，提出自己的问题，对未涉及的问题要进行补充，丰富完善；三是敢于否定书本中既成的事实和结论，并发表自己的见解和结论。

2.合作探究

合作探究，是共同体的主要学习方式，贯穿于整个的学习过程。这里作为一个环节提出，主要是指学生自主学习后的互帮互学，互相答疑，共同完成学习任务的过程。一般分两个层面：一是共同体内的合作；二是班级教学共同体内的合作。从人员来说有生生合作，还有师生合作。方式是将一些重点、难点、易混易错点，通过问题的形式提出，引导学生讨论交流，产生思想碰撞，从而使问题研究有深度，探究有高度，认识趋向统一。

一堂好课，学生的能力应该得到培养，学习兴趣可以得到激发。学生的知识不仅得以巩固，更会有能力进行新知识的学习，有能力进行自学，课堂教学的效果一定好，学生无论是在知识、技能方面，还是在能力方面都能得到发展，应试能力得到提升，其综合素质也能上新台阶。而最有效的办法就是引导学生自主学习以促使学生进行主动的知识建构的教学模式。自主学习不是让每个学生各学各的，是要激发起全体同学的学习兴趣，使每个学生都积极主动地去探索、去学习，并加强合作交流。自主学习能力换言之是学生学会求知、学会学习的核心，它是一种在教师的科学指导下学生制订有效的学习计划和学习策略、调节和控制各种任务行为的创造性学习活动。

3.展示分享

展示分享，是指学生将自己的学习成果与困惑展示出来，并汇报本小组完成任务的情况，包括小组各成员的贡献的描述，让同伴分享。展示分个人展示和集体展示两类，展示范围又有体内和体间两个层面。展示能够有效促进学生的学习，为了展示得好，他们必须学得好、思考得全面而有深度，集体展示还能促进合作意识的培养。分享不但能分享成果，产生1+1＞2的效果，而且能相互启迪，引发学生深度思考，反思自己。

展示分享也为教师全面了解把握学情提供了条件，使下一步的教学更具针对性。具体内容包括：对"核心问题"的理解与子问题的设置，小组活动的计划任务安排，小组各成员是如何完成自己任务的，小组是怎样开展协作活动的，小组成果展示等。

4.精讲点拨

精讲点拨，是指教师针对学生自主学习、合作探究和展示分享后仍然没有解决的共性问题进行讲解和点拨，它的作用在于搭桥引路、启迪思维、画龙点睛，帮助学生总结学习方法、解题技巧和规律，指导学生学以致用。教师注重知识的联系、应用和迁移，提升学习能力。当然，讲解者也可以是学生。要提高课堂教学质量，教师的讲解无疑要"精讲点拨"。课堂点拨需要教师洞悉学生的思维，动态把握课堂资源，适时生成拓展出新的知识，或解疑答难。

精讲热点，点拨延伸；把教材理论和社会实践相结合，精讲重点，点拨疑难点；把本课知识和前后相关的知识相结合，精讲共性和易混点，点拨以达到总结升华。把握"精讲点拨"的时机，解决重难点问题时候的"精讲点拨"，要"点"在学生不懂或似懂非懂处，"拨"在学生忽略而与教材重点、难点关系紧密处；亦可以在学生进行了深度探究后，思维陷入困境的时候进行精讲点拨。

5.课堂评价

根据教学任务目标，设计与之配套、贴近课程标准、符合学生认知水平的

"课堂评价"试题，检测学生当堂学习效果，并根据学生掌握的情况给予及时反馈矫正。在课堂外，以教学共同体为单位，师生共同开展学习和综合实践活动（课堂上的活动可以再丰富些，以便为下面的"挖掘"奠定一定的基础）。

当学生以自我评判和自我评价为主要依据、把他人评价放在次要地位时，独立性、创造性就会得到体现和促进。换言之，只有学习者自己决定评价的标准、学习的目的，亦即对达到的目的的程度等负起责任时，他才是在真正地学习，才会对自己学习的方向真正地负责。

五、教学共同体在课堂外的活动

以共同体为单位，师生定期交流，师生、生生进行个别化或集体沟通与交流，在彼此信任、尊重、理解的氛围中，就学习与生活等方面存在的问题，自我反思，探讨解决办法。以共同体为单位开展综合实践活动，互相学习，相互借鉴，取长补短，共同提高。

（1）作业完成：教学共同体的优势不只是体现在课堂上，每一节课结束后，任课教师都会留部分适合学生的课后作业，这一部分是分层作业，根据共同体的协作分工，共同体内部有一位成员负责该科目（该生是该学科的优秀生），他会根据自己的理解，同共同体成员一道解决本学科的作业问题，甚至帮助那些层次达不到的学生完成更高层次的作业，换言之有效地解决了学生的困惑，实现了"兵练兵"和"兵强兵"的策略。

（2）学习活动：学生在校的各种活动的开展都不只是一种单纯的个体行为，在共同体组长的安排和个人申报意愿的共同作用下，这种学习活动可以延伸到学生在高校学习的各个时段。现在的高校是每周都有休息日的，在周末每个共同体可以组织相关的研讨活动和其他的集体活动，这些学习方面的活动，每一次都有一位成员牵头、策划、组织实施，全体成员共同参与。换言之，有效地凝聚了共同体的力量，培养了共同体成员的向心力。

（3）效果检查：学习效果的检查一直是教与学活动中的难以把握尺度的问题，有时甚至不好做出正确的评价，实施共同体后，很多问题迎刃而解。每天的作业自评由共同体负责成员做出，因为每一学科在共同体内部都有一位负责的"课代表"，他负责做出对作业的第一评价阶段，记录在相应的共同体发展记录单上，任课教师一看就非常明了，然后再由任课教师做出第二轮的评价。这样下来，学生的学习积极性大为提升，抄作业的现象也逐渐减少。

（4）共同提升：共同体成员在一起不只是相互帮助学习，而且还收获了友情、支持和信任。素质教育所倡导的学生的能力在这里都得到了体现。与此同时，师生之间的关系也日益融洽，发展了学生也成就了老师，这就是教学共同体的效果体现。

六、教学共同体评价

经过反复实践、修改、再实践、再修改，探索出教学共同体的评价体系，即创新实施增值评价。对学生的学习成果进行评价，是学习共同体的进一步学习和资源整合，评价也是学习，是对小组学习的延续和深化。当然，评价需要一定的激励机制，以促进学生之间以及师生之间的积极的关系。评价作为激励机制的一个重要组成部分，在协作学习中所发挥的作用是不可忽视的。特别是教师的评价，教师对于个体的反馈比对小组整体的反馈更能激励学生。

（1）评价指标多元：包括教学共同体的文化建设，共同制订发展目标和计划，共同体活动的内容、过程、成效等指标，并分别赋分量化。由于学生的主要活动在课堂，所以可以制定《"教学共同体"课堂评价参考标准》。

（2）评价办法：采取教师评、学生评和师生共同评的形式，对共同体实行捆绑式评价，形成体间竞争、体内合作的评价机制。一是自评，包括每个成员在本组内的自评，小组委托对本组总体情况向班上其他组做自评。通过对"核心问题"及子问题的思考研究，评价在多大程度上获得了对"单元话题"的理解，主要包括哪些内容，做得怎样，解决了哪些问题，还存在哪些问题，感兴趣的问题有哪些，有疑惑的问题有哪些，获得了哪些启示等。二是互评，包括小组内部不同角色之间进行互评和小组与小组之间进行互评。小组成员对另一小组成员进行评价等。三是总结评价，在教师指导下，所有成员对该学习活动的过程、效果、应用价值等做出总体评价，主要是对学习目标的达成度和学习方式的行为考查，以便为下一"话题"的开展提供借鉴和参考依据。

（3）对于课初、课中和课末的评价

第一，教师主导评。在黑板的一角列出共同体的名称或序号，留出赋分的版面，教师即时动态打分；亦可以设计共同体评价表格，包括共同体名称（序号）、成员姓名、评价指标等。课初，可以将共同体完成作业等情况进行评价并打分公布，公布本节课共同体评价的项目和要求。课中，参照评价标准，对共同体的课堂纪律量化打分，对自主学习、合作学习和探究学习的参与度量化打分；对共同体展示分享的参与度、思维深度和解决问题的精确度量化打分；对于课堂目标达成度量化打分；课堂生成性的问题，对提出和解决的共同体予以高分激励。课末，总结各共同体表现，评选优秀共同体1～3个，学科班长记录评价结果。

第二，学生主导评。自评，参照评价标准，共同体内各成员自我反思，找出自己的"闪光点"和"不足点"，正确认识自己，并向组长汇报。互评，参照评价标准，共同体内相互挖掘"闪光点"并给以肯定和赞同，相互指出存在的"不足"并加以改正，让学生辩证地看待自己和同学，扬长避短，改进提高。每节课评出先进个人1～2名，组长记录评价结果，并向教师汇报。

（4）评价结果的使用：课堂表现是学分认定的重要指标之一，纳入对学生的学分认定考核。课堂表现是促进师生共同成长的重要指标之一，以级部为单位，定期评选优秀共同体；以班级为单位，定期评选最佳合作奖、最佳展示奖、最佳创新奖等。

无论是教学共同体还是学习共同体，都力求不流于简单的形式，它对实施者有着非常明确的要求：一是确实提供民主、自由、平等的和谐的教学氛围，能让所有的学生都动起来。同时充分发挥教师的组织、引导作用，使学习活动建立在优化的基础上。二是不能脱离文本做纯粹的所谓"课题研究"。共同体学习的过程实际就是让学生真切地走进教材，走进学习。使学习者和教师能自觉地作为共同体中的一分子，有相同的利益和价值指向，有为完成任务而共同努力的亲切感。三是有必要开展形式性训练和实质性训练，使学习者能具备必要的学科学习能力。四是创设一定的学习压力，如规定期限、抽查质疑、设置达标标准等，以使共同体的学习保持团结、紧张、严肃、活泼的状态。

第三节　师生管理共同体的实施

普通高校在新课程改革背景下实行选课走班教学后，传统的班级组织形式也随之发生了较大变化，这就要求班级管理模式必须实现向以学生自主管理为特征的现代班级管理模式转变。学校要重组各个教育要素，构建与"选课走班"相适宜的新的教学管理系统。

管理共同体，是指在行政班内遵循"体内异质、体间同质"的原则，将具有共同愿景的师生在团体情境中通过有效互动组成的相互协作支持、彼此关系融洽、师生共同成长的班级日常管理、学习、活动的基本组织。

管理共同体以行政班为基础组建，以班内每位学生的健康和谐发展和教师专业发展为目标，在指导教师的适当调控引领下，由学生自由组合而成。每个行政班一般由9个管理共同体基本单位构成，每个管理共同体由6名学生和1名指导教师组成，每个管理共同体设组长1名，协助指导教师管理"共同体"日常事务，全面负责共同体工作。

管理共同体的成员在彼此尊重、理解、坦诚、关爱、接纳、民主、平等的和谐氛围中，就思想、心理、行为、生活、学业、教学等方面存在的问题进行交流合作，共同制定目标计划，探讨解决办法，不断实践反思，从而促进学生健康成长，促进教师专业发展。同时，在管理共同体内，事无巨细，均有分工，形成了"人人有事做、事事有人做、件件讲规范、项项抓落实"的局面，使每位学生都得到了应有的关注和发展。

一、师生管理共同体的活动实施内容

在管理共同体的实施过程中，创建"三步五环节"德育主题教育活动模式，根据课题关于"促进学生健康成长，促进教师专业发展"的预期目标和管理共同体研究内容，将优秀主题班会设计方案及优质主题班会评选活动、"我的活动，我做主"学生自我教育管理活动、班主任"秀秀班级治理"活动、班级治理"举案说法"活动、"弘扬'和·客'文化，创建'师生共同成长、人人追求卓越'精神家园"系列主题活动等，确定为管理共同体活动的主要内容[①]。

二、师生管理共同体的活动实施制度

1.双周活动制度

在指导教师的指导下，共同体每两周开展一次活动，例如，活动周的周四下午课外活动时间是"师生成长共同体"师生交流活动的固定时间。在活动中，学生们把两周以来在学习、生活中遇到的问题、困难、烦心事、新鲜事说出来，与指导教师以及共同体成员一起交流，共同分享快乐，分担苦恼，解决困扰。同时，指导教师也可以将自己在教育教学中的一些想法和学生们一起探讨，征求学生的意见和建议，改进自己的教育教学方法，促进专业水平的提高。

活动结束后，及时填写师生成长共同体学生活动记录本和师生成长共同体指导教师工作记录本，在"共同体活动纪要"栏中填写活动内容和情况，包括：活动名称、活动时间、活动地点、活动方式、活动目的、活动内容步骤、活动收获（学生体验、指导教师感悟、家长评价）。学生撰写"活动收获"时，指导教师、共同体成员均要签字。

除了以上固定的活动之外，还可以建立共同体师生预约交流制度，保证共同体师生随时能够进行交流。

2.月汇总（例会）制度

共同体每个月召开一次例会，由组长组织汇总上一个月的活动情况，筹备下一个月每次活动的议题、讨论的内容，并向指导教师汇报。指导教师帮助分析该共同体存在的整体问题或个别问题。在共同体例会上，指导教师应对本班上个月组长情况以及班级常规管理的量化考评结果进行重点分析，将共同体指导教师的指导工作与班级管理工作密切结合，形成教育合力，提高工作效能。

---

① 许崇文.《师生成长共同体》的研究与探索[J].当代教育科学，2013，（2）：23—24.

3.意见建议反馈制度

作为双周活动和月汇总（例会）制度的延伸，学生在提出自身或共同体存在问题寻求指导教师帮助的同时，也可以就学校管理、级部管理、班级管理或指导教师的指导方式、教育教学方法等提出意见和建议，以利于学校各方面管理和服务在更加贴近学生需求的基础上做出改进和提高，也有利于指导教师进行教育教学反思，不断提高自身素质和业务能力，从而达到师生"共同成长"的目的。

4.学期总结评价制度

每学期末，各共同体将本学期活动情况与学生基础素养评价、学生评比评定工作有机结合，进行总结评价，并记入师生成长共同体学生活动记录本。指导教师填写师生成长共同体学生活动记录本中"共同体活动指导教师学期总结"部分，内容包括：本学期共同体管理目标达成情况，本学期共同体管理活动存在的问题与不足，共同体管理活动今后努力的方向及措施、办法，对学校学生管理工作的意见、建议，指导教师感悟，共同体活动体验等。

第五章

师生发展方向与途径研究

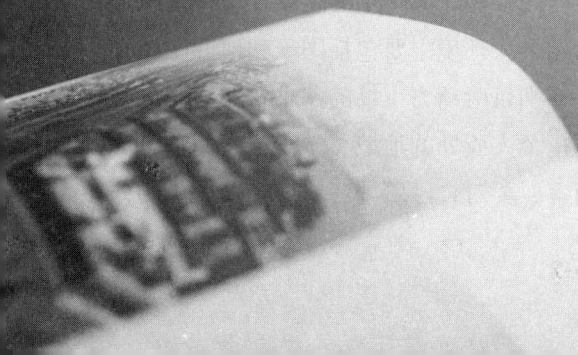

当今部分高校仍把人力资源的培养重点放在教师发展层面，认为教师水平提高了学生素质就会改善，教育质量也相应地提升，因而忽略了学生对教师发展同样具有重要作用。本章主要围绕学生发展方向与目标、教师发展途径与策略展开论述。

第一节　学生发展方向与目标

制订大学生发展规划，首先，必须设定职业发展方向及职业发展目标，即自己要朝哪方面、哪个行业、哪种职业去发展并取得怎样的成果或成就。其次，必须建立在知己知彼的基础上，即必须在分析自己的主观条件和客观条件的基础上，才能做出科学的抉择。

一、大学生发展的环境

环境是指周围的地方、情况和条件，它是由可以直接、间接影响人们生活和发展的各种因素组成的复杂体。早在18世纪，法国唯物主义哲学家爱尔维修就提出了"人是环境的产物"的命题。这个命题在一定程度上揭示了环境对人的重要性。的确，每个人都处在一定的环境中，离开了这个环境，便无法生存，更谈不上发展。因此，每个人必须对自己所处的环境有清醒的了解和认识，以更好地适应环境和利用环境所提供的条件来谋求自己的发展。大学生的发展环境包含两个大的方面，即社会大环境和个人小环境。社会大环境主要包括国家和地方区域的政治、经济、文化基本状况和发展趋势，特别是劳动力市场的需求状况等职业就业信息及其相关的政策。个人小环境主要指个人所处的地域、学校、家庭、亲友等具体成长和发展的环境。对于大学生而言，要对自己所处环境做全面深入的分析，的确存在着较大的困难，而且环境也在不断地发生变化。因此，我们只能根据自己的实际，对这两方面环境做一些初步的分析。分析的重点在于认清所处环境有哪些资源可为己所用，环境支持自己朝哪方面去发展，或限制自己朝哪方面去发展。

（一）社会政治经济大环境

当前，我国社会处在重要的战略机遇期，并进行着一场深刻的生产方式和生活方式的变革。这场变革的基本特征是：兼有由农业社会向工业社会转型和由工业社会向信息化社会转型的双重转变；社会的经济、政治、文化和人们的思想观念、道德信仰、行为模式、生活习惯等正在发生深刻的变化。

从总体上讲，我国社会稳定，综合国力不断增强，人民的文化素质和社会文明程度在不断提高；经济持续平稳快速发展，并在经济全球化格局中发挥着愈来愈重要的作用。从国内来看，经济回升向好的基础进一步巩固，市场信心增强，扩大内需和改善民生的政策继续显现，企业适应市场变化的能力和竞争力不断提高。但是，经济社会发展中仍然存在一定突出的矛盾和问题，部分行业产能过剩，经济调整难度加大，就业压力总体上持续增加和结构性用工短缺的矛盾并存。

当前的社会政治经济环境对于大学生的发展，换言之是条件与困难同在，机遇与挑战并存。

1.条件与困难同在

首先，社会的稳定、和谐，是大学生发展的重要条件。当今大学生处在太平盛世，有较好的学习、生活条件，较自由的自我发展空间。当前，以人为本的理念更加深入人心，整个社会更加关心个体的生存与发展，把人的全面自由发展包括个性的发展摆在极其重要的位置。人们也越来越重视对自身发展的规划与设计，并通过奋斗去开创自己的未来，实现自己的人生价值。

其次，我国经济的持续较快发展，将有力拉动社会就业，特别是促进大学毕业生的就业与职业发展。当前，我国正从国民经济发展的战略高度，加快转变经济发展方式，调整优化经济结构，并不断扩大内需，加大统筹城乡经济发展力度，强化农业农村发展基础。随着国家鼓励消费、国家需求的不断增长，制造业、社会服务业对于人力资源的需求将进一步扩大，大批国有企业对人才的需求也会有所增加。经济结构的调整必然带来很多发展前景很好的新兴热门行业，如财务业、文化传媒业、信息业、中介服务业等。产业结构调整更新后，对人员的素质要求会更高，许多新兴产业都需要高素质人才来做。与一般劳动者相比，大学生更具有优势，这些新兴热门行业恰恰为大学生的就业和职业发展提供了机遇。同时，社会主义新农村建设和西部大开发战略的实施，也必将为大学生提供更多的用武之地和更广阔的发展空间。

再次，党和国家对大学生的就业及职业发展给予了特别的重视，并采取了一系列行之有效的措施。鼓励重大科研项目聘用高校毕业生；鼓励高校毕业生应征入伍服兵役；优化人才结构，加强专业型应用性人才培养；强化高校毕业生的就业服务与就业指导；大力提升高校毕业生就业能力。各地也纷纷出台了多项政策以鼓励大学生就业和自主创业。同时，《中华人民共和国劳动合同法》《中华人民共和国促进就业法》等也为大学生就业提供了法律保障，信息网络建设也进一步方便了大学毕业生与用人单位的双向选择。

最后，在世界多极化、经济全球化的大格局中，我国将坚定不移地继续实行对外开放，大批外资企业将继续进入中国市场，而中国的企业也在不断地走出国门，这既使大学生扩大了视野，解放了思想，也为大学生的就业和职业发展，特别是职业的高层次发展提供了更广阔的空间。

2.机遇与挑战并存

对于大学生而言，首先遇到的困难和挑战，是毕业后的就业压力。众所周知，我国高等教育已经由精英教育阶段迅速迈入大众化教育阶段。由此也带来了高等教育的一系列改革。其中，大学毕业生的就业政策、制度、环境已经发生了根本性变化，由精英时代的国家统包统分，变为"供需见面，双向选择"，由市场来进行人才资源配置。当前，从国家整体就业形势、企业吸纳劳动力的能力和大学毕业生数量来看，一方面社会所能提供的岗位需求量有限；另一方面需要就业的大学毕业生增多。劳动力市场总体态势是供大于求。大学毕业生的就业面临着更为激烈的挑战，从"供需见面，双向选择"变为"双向选择，竞争上岗"。这种竞争上岗的局面，在短时间内很难有大的改变。

其次，社会和职业发展，对大学生的素质提出了更高的要求。素质指人的身心精神构成、结构及其质量水平。一般而言，人的素质包括道德素质、科学文化素质、心理品格素质和身体素质四大方面。其中，身体素质是物质基础，科学文化素质是核心，心理品格素质是关键，思想道德素质是主导。经济社会的发展，对人的综合素质提出了更高的要求，尤其是在经济结构调整中出现的新兴热门产业，科技含量高，发展前景好，但对从业者的综合素质要求也更高。从总体上看，大学毕业生属于经济社会发展所需要的高素质专门人才。但时下不少大学毕业生的综合素质不尽如人意。他们的心理素质、道德素质、知识结构、实际能力和专业技能等，离经济社会发展的需要和职业岗位的要求，还有一定的差距。今天，大学生已经从学历的比拼转变为适应社会的综合素质，特别是能力的比拼。如何应对社会和职业发展对自己的挑战，如何着眼于社会对高层次高素质人才的需要和多种岗位需要的多种能力、多种素质的培养，这是每个大学生必须认真思考和逐一解决的重要问题。

　　总之，我们处在条件与困难同在、机遇与挑战并存的社会大环境。大学生从进校起，就应该对所处社会环境有一定的了解和认识，主动适应社会，充分利用社会所提供的条件，在正确认识自己和客观分析所处环境的基础上，确定自己的发展方向和职业目标、制订具体计划措施，并不断付诸行动，抓住机遇发展自己，实现今天的发展与明天的职业相衔接、与未来的发展相结合。无数事实证明，机遇总是留给那些有准备的人，那些敢于应对挑战的人。

（二）大学生个人小环境

1.学校教育环境

　　学校教育环境，包括校园的精神环境、物质环境、制度环境、人际关系环境及学校周边环境等多个相互关联的方面。大学生在入学前都接受过基础教育，受过基本的教育和熏陶。每个大学生都应该对自己在这阶段的成长进行回顾、总结和分析评估，因为这一阶段所受的教育和熏陶，在每个人身上都留下了深深的烙印，将对我们德、智、体、美、劳全面发展和个性发展产生重大影响。

　　进入大学后，教育环境发生了很大的变化，大学的教育资源更加丰富，如大学的师资力量、教育设施、校园文化及大学精神等，这些都是大学生成长发展的基本条件和重要资源。还有学校的管理和制度文化，也是学校教育资源的重要组成部分，如各高校都在试行的学分制，学分制以自主选课和学分积累为核心，让学生在学好专业的同时，根据自己的兴趣和发展需要形成个性化的修读，实现自身的学习要求，并允许学生根据自己的能力调整学习进度，可以提前修完规定的课程和学分毕业，也可以延期毕业。这就从管理制度上较好地满足了学生个性发展的要求。又如各高校都强调学生的自我管理，并建立起一系列相关的管理制度，搭建了大学生自律委员会等自律平台，这些制度和相应平台的搭建有利于学生的成才和发展。

综上所述，大学的教育资源是丰富和多样的。大学生要学会做一个有心人，要善于发现自己所处学校的教育资源及其优势。识别教育资源，可以把学校的教育资源一条一条地写出来，然后联系自己的实际，思考现有教育资源支持自己朝哪些方向发展，有利于自己朝哪方面发展，并主动采取行动，将这些资源加以充分利用，以便更好更快地发展自己。

在发掘自己学校教育资源的同时，我们还应对学校教育资源某些不足的方面有一定了解和认识。对于学校教育资源某些方面的不足，一是努力寻求其他方面的资源来加以弥补，如充分利用互联网的教育资源就是有效的途径之一；二是在确定发展方向和职业目标、选择发展路线时，把这些教育环境的不足因素也要加以适当的考虑，使自己的定位更准，更具有实现的可能。

2.家庭环境

家庭环境作为一个人最初的生活和成长的小环境，对人的影响无疑是巨大的。我们通常说的家庭环境主要指家庭的物质条件和精神氛围。其中，物质条件主要指父母的职业、收入，家庭的住房及经济状况等；精神氛围主要体现在父母及亲友的价值观，对子女的希望与态度，以及与子女的交流等方面。以下从10个维度来测量和评估家庭的环境特征。

（1）亲密度：即家庭成员之间的相互承诺、帮助和支持的程度。

（2）情意表达：即鼓励家庭成员公开活动、直接表达情感的程度。

（3）矛盾性：家庭成员公开表达愤怒、攻击和矛盾的程度。

（4）独立性：家庭成员的自尊、自重和自由程度。

（5）成功性：将一般性活动，如上学和工作，变成竞争性和激烈性活动的程度。

（6）知识性：对政治、社会、智力和文化活动的兴趣度。

（7）娱乐性：参与社交和娱乐活动的程度。

（8）道德观：对伦理和价值观的重视程度。

（9）组织性：安排家庭活动和责任时有明确组织和结构的程度。

（10）控制性：使用固定家规和程序来安排家庭生活的程度。

通过运用家庭环境量表进行测试，我们对自己家庭环境的特征会有一个大致的认识，也可从中分析哪些因素对自己的成长和发展已经产生或将会产生正面影响，或者负面影响。

从设定职业发展目标、选择发展路线和策略的角度看，家庭环境因素的影响和制约主要表现在两方面：一是父母的希望和家庭的需要；二是家庭的支持力度和人脉资源。

所有的父母对儿女都充满期望，任何家庭也都有正常的需求。父母的希望和家庭的需求，使大学生意识到自己肩负的家庭责任，也对大学生的职业发展方向和发展路线的选择产生潜移默化的影响。如有的父母把孩子看成自己希望的延伸或家庭荣誉的代表，无形中把孩子引入自己正在从事或希望子女从事的职业领域；有的父母期望值不高，只是希望子女生活得轻松快乐，这可能会促使大学生选择那些与自己爱好、能力较匹配的且工作压力不大的职业方向；来自农村或基层劳动者家庭的大学生，对父母的辛勤劳作和自己的家庭责任有深切的感受，这可能会促使他们选择那些虽然辛苦，但薪酬较高的职业岗位。

家庭的支持力度，主要指家庭的经济支持力度和家庭的人力资源。由于家庭成员的社会地位、经济条件、社会关系不同，对大学生支持力度的差别就很大。大学生在设定发展方向、职业目标和选择发展道路时，必然要把这方面因素也考虑进去。

二、大学生的发展路线

大学毕业生的发展路线主要有四条：一是就业，二是考研，三是出国深造，四是自主创业。如何选择毕业后的发展道路，关键在于主观要求与客观实际的结合。即在考察自己的志向意愿和发展需要的同时，认真分析自己的优势与不足，充分考虑如何把我之所想转化成我之所能。及时确定毕业后的发展道路，有利于我们更好地安排大学的学习和生活，使我们能有计划有重点地为下一步做准备。

（一）就业

毕业后寻求一个适合自己的工作，在职场上磨砺自己、寻求自己的发展，这是大多数毕业生选择的道路。这种选择，要求大学生在校期间除认真完成学业、学习好专业知识外，还应更注重自己能力和特长的培养。大学生在校期间，要多参加实践活动，以培养和锻炼自己各方面的能力。若有可能，最好能利用课余时间去兼职打工，尝试一些与自己所学专业和未来职业相关的工作。与此同时，还要多关注社会，多了解与自己所学专业相对应的行业和职业的基本状况和发展趋势，特别要了解这些行业和职业对从业者综合素质的要求，并按照这些要求来提升自己，积累自己的从业资本。如有选择地参加相关的职业资格考试，获得与自己专业和职业目标相符的职业资格证书，辅修第二专业或自修相关的课程，以增加就业机会等。只有这样，大学生才能在激烈的职业竞争中脱颖而出，顺利实现就业的目标。

如果大学生选择的是毕业后考公务员的发展道路，在校期间还应该多关心国家大事，多了解国情和国家的大政方针。政治上要积极要求进步，注重提高自己的政治素质，并争取早日加入党组织。同时，要了解公务员考试的要求，有针对性地做好准备。准备得越早、越充分，被录取的概率就越大。

（二）考研

很多学生选择毕业后考研，走研究生毕业后再从一个较高的职业起点发展自己的道路。因此，这种选择是很好的。但需要提醒的是，考研的要求比较高，成本也比较高。因此一定要从实际出发，在认真分析自己的专业文化基础、身体、毅力、家庭经济状况等各种因素的基础上，慎重地做出决定。有志向、有实力、有优势就应该下定决心、义无反顾，尽早做出安排。在校学习期间，有四点要特别把握好：一是要有耐心，包括暂时放弃一部分社会活动，静下心来学习专业理论知识；二是要集中精力使外语水平达到要求，这既是攻读研究生的敲门砖，也是自己成功的翅膀；三是在学习中要勤于思考，注意培养自己的研究能力；四是要尽早确定报考的专业及学校，以便更有针对性地做准备。报考研究生的同学，所学各门课程，不一定要门门全优，但要突出重点。对与自己报考专业相对应的课程，不仅要学得特别好，还要关注学术发展动态，关注学科发展前沿。

（三）留学

对于少数家庭经济条件较好、自己的独立性和生活能力也较强的同学，出国深造不失为一种较好的选择。若有此打算，在校期间学习的重点首先是外语，要特别注重提高外语的听说能力，争取尽早通过雅思、托福等出国外语考试；其次，要对祖国的传统文化有一定的学习了解，否则出国后与国外学生谈及中国文化时会没有自信；再次，要注重收集出国留学方面的信息，了解出国留学方面的政策与规定，认真挑选好留学国家与学校；最后，要进一步培养自己的独立生活能力，对要去的国家的文化、习俗、礼仪等，也应该有一定的了解。

（四）自主创业

自2005年开始，大学毕业生自主创业逐渐升温。国家与地方政府也陆续出台了一些鼓励、支持大学生自主创业的优惠政策。可以展望，大学生自主创业的环境还将进一步改善，越来越多的大学生将会走上自主创业的道路。大学生如果有自主创业的想法，在校期间就应该学习了解一些自主创业的基本知识，包括成功创业的基本因素、一般创业过程及创业过程中常会遇到的问题、创业者应该具备的基本素质等。在此基础上，通过各种途径有针对性地培养自己的创业意识和创业能力，尤其要把了解社会、积极参加相关的社会实践活动作为大学生活中的重要内容。课余时间除兼职打工外，也不妨在政策法规和学校允许的范围内尝试做点小生意，并有意识地结交一些朋友，特别是与有志于自主创业的同学和在创业道路上取得一定成功的人士建立起良好的关系。

大学生在选择自己的发展道路时，对于许多问题还应该进一步地深入思考，如走先就业再考研，或是先就业再创业的发展道路等。

三、大学生发展方向与发展目标设定

发展方向，是指朝哪方面哪个行业发展。发展目标，是指希望或要求达到的发展层次和标准。一般而言，是先有方向再有目标，但实际上，二者是密不可分、同步进行的。有了方向，必然要设定目标，而有了目标，也就有了方向。目标的设定，本身就包含了方向，故我们将发展方向和发展目标作为同一个问题来思考，即大学生如何构造自己的目标金字塔，并选择好自己的发展道路。

（一）大学生人生发展方向与目标

大学生作为同龄人中的优秀群体，理应站在更高更长远的角度，探索人生的意义，思考自己的历史使命，并确定自己的人生终极目标。但对于刚入学的大学生而言，他们的人生观、价值观尚未定型，对社会的了解和认识还很肤浅，视野也不够开阔。因此，从大学生的实际出发，把人生终极目标的设定改为对自己人生愿景的描绘，这样可能会更加具体，也更容易把握些。具体步骤方法如下：

（1）探究生命的意义。大学生要反复思考并回答，生命的意义是什么。例如，不断询问自己：我们生命的意义在哪里；我有怎样的价值观念和信念；我最想成为怎样的人；希望别人给自己怎样的评价；我一生最重要的和最想要的是哪些，是生理、安全需求还是人生价值的自我实现；我这一生真正想要去完成的是哪些事情。当对这些问题有了自己的答案时，就把它逐条写下来。

（2）列出梦想清单。大学生们要思考并回答，自己有哪些需要实现的梦想，也可以把这些梦想分成事业、家庭、朋友、业余生活等类型，逐条列出来。此时，没有必要判断这些梦想是否能够实现，也不用在意它们是长期的还是短期的。这里最重要的是有创意、有梦想。

（3）将自己关于生命意义的思考与自己的梦想清单相对照。在列出梦想清单的阶段，应该情绪激昂、思维活跃、调动神奇的想象力，去憧憬未来，去编织梦想，但在对照阶段，则应多一份冷静，多一份理性，多一份思考。大学生们要检查梦想清单中的每一个梦想目标，与自己对生命意义的思考，与自己的人生观、价值观是否一致，如果发现有的梦想目标与自己的人生观、价值观不符合，则应将它删除掉。如果要实现的梦想目标很多，还应按梦想目标的重要程度排出优先顺序，找出自己最希望实现的或必须保证实现的梦想目标，而将不是十分迫切或不十分重要的梦想目标删除。当然，也可以进一步思考生命的意义，重新评估自己的人生观、价值观。经过互相对照后，把自己的梦想清单重新排列出来，便形成了我们初步确立的人生愿景。

对于初步确立的人生愿景，大学生要满怀激情、满怀热情去执着追寻，并要真诚地相信，只要不懈地奋斗，自己的人生愿景是完全可以实现的。同时要将自己的人生愿景转化为自己不同人生阶段的具体目标，当然，由于一开始所描绘的只是一个初步的人生愿景，它将有待进一步的充实完善，会有一些调整。但一般而言，这些人生愿景也就是人生的大目标，一旦确定需保持它的稳定性，原则上不宜做大的变动，更不要随便放弃。

（二）大学生职业岗位与职业发展目标

1.评估并选择合适的专业

人生愿景必须通过职业活动来实现。因此，在描绘出人生愿景之后，接下来需要为自己设定职业岗位和职业目标。作为大学一年级的学生，在知己知彼的基础上设定职业岗位和目标时，首先必须重新评估并选择好所学专业，一个人的专业背景对其职业选择和职业发展的影响是十分重大的。如果一个人的职业能与专业对口，或者所从事的职业虽然不是本专业范围内的工作，但其工作性质与自己所学的专业有密切的联系，那么，在工作中就能更好地发挥自己的专业特长，也更有机会脱颖而出。正是从这个意义上讲，大学生在选择专业的同时，一般也就确定了自己的职业发展方向和职业范围。

在填报高考志愿时，考生及家长对专业与未来的职业方面的问题是做过一定思考的。但大多数人仍然缺乏对所选专业和与专业相关的职业情况的深入了解，对考生的性格、兴趣、能力、职业价值观，对相关职业岗位的特点和对从业人员的要求，也缺乏分析认识。因此，进入大学后，大学生应对自己所学专业，包括与专业相关的行业、职业的情况做进一步了解，对自己的性格、兴趣、能力、职业价值观念等做全面的分析。在此基础上，重新审视自己所选的专业是否真正适合自己的学习和将来的职业发展。审视的重点应放在两方面：一是自己的性格是否适合所学专业和未来从事相关的职业；二是自己是否对所学专业和从事与专业相关的职业有兴趣。

不同的专业对人的性格要求不一样，不同的职业岗位也要求不同性格的人来承担。如果选择了不适合自己性格的专业，很可能在学习中会感到很别扭，无论自己如何努力，学习成绩也不如他人。即使学习成绩不错，将来在这个专业领域也不会有大的发展。这不是主动努力不够，而是性格与职业岗位不匹配。正因为如此，不少企业在招聘人才时，首先注重的是性格与职业岗位的吻合。

兴趣是最好的老师。如果大学生对所学专业感兴趣，在学习过程中就会保持十分兴奋的状态，精力集中，不知疲劳，思维活跃，趣味盎然。他们不仅会认真听好每一堂课，认真完成每一次作业，甚至在日常生活中，也会时时思考专业学习上的问题，专业学习成绩也可能会比较优秀。将来从事相关职业时，他们会觉得工作是一种乐趣，会积极主动地把工作做好，工作业绩也可能会比较突出。

综上所述，专业的选择，职业的定位，应尽可能按照人职匹配的原理来把握。大学生入学后，经过对自己所学专业的重新评估，基本上可以知道所学专业是否适合自己。如基本适合，应毫不犹豫地全身心投入所选专业的学习中去，并对相关行业和职业保持高度的关注，按职业的要求，有计划地去积累自己的从业资本。如发现所选择的专业并不适合自己，则要创造条件，按照有关规定主动对自己的专业进行调整。近年来，我国高等教育着手对"一考定终身"的弊端进行改革，在教学资源允许的前提下，给予学生一定的转专业机会。有的高校试行"大类招生"，即学生入学时不细分专业，在低年级只学习基础课程，高年级才进入学科专业领域学习，学生可以根据自身情况在大类中重新选择具体专业；有的高校推行第二学位、双学位、主辅修制，学生可以加修或辅修与自己匹配的专业；有的高校在一定比例范围内允许学生自由转专业。这些途径都有利于学生选择更适合自己的专业。大学生入学后，应把握好这方面的机会。

2.自主设定目标职业岗位

在评估和选择好所学专业后，我们还必须初步选定将来的职业岗位。先要了解的是与所学专业相对应的职业岗位有哪些。不同的专业，决定了不同的职业方向，它们与职业岗位的对应关系是不一样的。少数专业呈一对一的关系，如数控机床专业，所对应的最合适的职业也许只有企业中数控机床的操作与维护，最后发展成为高级工程师。多数专业呈一对多的关系，即与专业对应的有多个职业岗位。如经济学专业，可以从事经济学研究、经济分析、营销策划、企业管理乃至新闻记者、高校教师等多种职业。有的专业呈多对一的关系，即一种职业可以接受多个专业背景的人。如新闻记者，可以接受新闻、中文、哲学、历史乃至经济学、社会学等许多专业的人[1]。

我们要详细了解自己所学专业毕业后适合哪些行业和哪些职业岗位，了解这些行业和职业的现状和发展前景，然后再从中去选择设定自己的职业岗位。选择和设定职业岗位的主要原因，我们在论述大学生的自我认知、环境分析以及专业选择时基本上都提到过，即尽可能择己所爱，择己所长，择市所需。择己所爱，指必须考虑自己的职业兴趣与职业价值观；择己所长，指必须考虑自己的能力和专业特长，以及职业对从业者综合能力和特长的要求；择市所需，指必须考虑人

---

① 欧阳光磊.大学生发展导航[M].武汉：华中师范大学出版社，2010.

才市场的供求状况及企事业用人单位的需求。如果所选择的职业能完全符合上述三条原则，那当然很理想。但实际上这种情况不是很多。更多的是只符合其中的部分原则而与其他原则不怎么符合。因此，我们在具体把握上需要有一定的弹性，需要对三方面的因素综合分析、统筹考虑，用智慧找到最佳的平衡点，或综合实际情况在选择中有所侧重。这样，才能为自己设定一个相对理想的职业。

作为入学不久的大学生，很可能一时还无法明确自己要从事的职业。遇到这种情况，不妨先为自己设定一个大的职业范围，然后在探索中将范围逐步缩小，经过一段时间的思考，最后将目标锁定在一两个职业岗位上。

3.职业发展目标设定

设定了职业，还必须考虑在职业道路上如何发展，发展到哪个层级。换言之，对自己所从事的职业要有目标预期。通常职业发展目标的设定至少应分为长期目标、中期目标和短期目标。大学生目前尚处在职业准备阶段，对社会和职业不够了解，对未来的变数无法预测，设定较长远的职业目标可能很困难，也可能带有较大的主观随意性和过多的理想色彩，而且很长时间才有可能达到的目标也容易使人产生懈怠心理。因此，设定目标要长短结合，把职业发展目标暂定为近期职业目标和初期发展目标。

近期职业目标，即按自己设定的职业去准备从业资本，毕业后能较顺利地争取到这类职业岗位，使自己步入职场。围绕着这个目标，去安排大学的学习和生活，把目标分解成大学阶段具体的学业目标、能力提升目标、职业素养培育目标等。

初期发展目标，在时间上可以定为毕业后五年内的发展目标，这既是实现自己人生愿景十分重要的一步，也将引领大学生在校期间的学习和生活，激励大学生朝更高的目标去准备、去奋斗。设定初期发展目标，首先要使自己的初期发展目标具有一定的挑战性。倘若选择在企业从事销售工作，初期发展目标可以设定在销售部经理的职位上；倘若选择在企业从事行政管理工作，初期发展目标可以设定在中级主管职位上；倘若选择政府公务员，初期发展目标可以设定在科级干部职位上。当然，目标也不宜过高，并且发展目标的高低要恰到好处。发展目标若低于自己的发展潜力，则不具有激励价值；但如果设定目标较高、在预定的时间内不会明显见效，则会挫伤积极性，反而会起消极作用。

第二节　教师发展途径与策略

一、教师发展的途径

（一）更新教师发展理念

在当今的信息化时代，知识结构与学科之间的相互交叉融合，对知识化网络提出更高的要求，同时，教师的身份也有了相应的变化。教师对知识的掌握能力及学科交叉知识是否广泛成为新时代教师的评判标准之一。互联网和科学技术的发展，让人们的学习和生存的方式都有了相应改变，人们不一定非要通过文字资料、纸质材料来获取知识和信息。这种知识的传播方式的更新也促使教师要及时调整自己的角色和观念。传统的授课模式显然已经不能完全适应当今的社会，新型的教育模式及知识结构在当今的教育领域中有着十分重要的作用。联合国教科文组织曾经重新探讨了教师的身份，他们认为教师对知识传递和促使学生们思考之间有了新的平衡。在原来的社会，教师的职能更多是知识的传递者，但是新的教育模式以及终身学习的观念，对教师的身份提出了更高的要求，教师们是最先进行教育、实践改革和创新的实践者。

新时代提出的新要求，让高校从两方面培养教师的职能。首先是从职业素质上；其次是从教育教学能力上。传统的教师授课模式，是一种根深蒂固的教学观念，如何建立与当今时代相符合的教育理念和目标，是教师和高校首要解决的前提。同时，院校应该建立相应的督导和激励政策，让教师们在规范自己的职业行为的同时，也让教师本身发展成为关注共同成长的知识传授人才。教师们需要探讨理论，自主地促进自身发展，通过研究课题，提升教育的实践目标。在课题的研讨和教育实践中，磨炼自己的专业技能和授课技巧，不断通过课堂的教学内容反思和调整授课模式，在资源共享的互联网环境中，结合时代的优势促成合力发展，充分发挥专业性。

（二）强化教师的自我发展意识

教师的成长以及专业上的发展进度，可以通过专业发展档案来记录和见证。教师必须先有终身学习的观点和可持续发展的理念，在教师成长的过程当中，通过管理和效果作为评价标准，在规范教师的同时，也能监督教师自身的成长，并激励他们的成长。学校可以通过专业发展来培养教师们自主发展和专业责任感的态度和意识，让他们确定长期的发展目标，并制订出实现目标的计划和战略，促使他们的专业发展更具有方向和目标性，让他们培养出自觉发展的行为意识。

专业发展档案需要记录教师对自身发展的目标规划、长期和短期的考察情况、教育情况和目标的完成度、科研成果等方面的内容。由于教师需要不断地更新自己的知识系统，因此他们的继续教育也是必需的，包括他们的入职前培训、进修以及参与学术交流活动等，都是他们主要的职责组成部分；教师的教学工作是他们日常的主要职责，每年教师们都需要做出课程的教学计划及课程的改革方向，学生们的期末成绩、学年评价和自身参与的学术报告等都是通过科研让自身成长的必经之路。课程开发与研究，包括教师的一些奖励和论文发表等都是学科科研成果的展现；在指导学生方面，专业发展档案也需要涵盖学生们对学科建设等方面的贡献情况，让师资队伍充分发挥传帮带作用，对指导学生的学业和实践活动都发挥着重要的作用。

专业发展档案，也能够让教师们不断地审查自己的目标、计划，以及检查目标的完成情况，通过不断地审查及时调整自己的策略和发展方向。档案建设离不开学院的支持，补充职称的材料并完善档案信息，能够让教师的发展档案内容更加充实，也为教师们的评价和晋升提供了最重要的参考依据。

（三）营造支持教师发展的网络平台

信息化时代为教师职业提供了便利条件。教师们可以快速适应信息化时代的发展进程，通过结合自己的职责实现高速发展。学校可以为教师创建专业的网络平台，通过教师们在虚拟社区学习，让教师们体验不同的学习模块、讲座、探讨、经验交流，以及线上辅导视频等模块的学习教育资源，可以让教师们在传统文化、道德论坛、素质教育、文学艺术欣赏等多方面，随时随地地查阅所需信息，凭借着丰富多元的知识结构发表和点评教学案例和观点，通过讨论与教师们进行深层次的思考。

信息技术在教育当中承担着越来越重要的作用，教师们需要不断地培养自己，通过了解和运用信息技术来提高自己的职业素养。信息化社会拥有的信息处理能力，利用信息化平台解决问题，在信息化环境下更好地学习和工作成为教师们必备的职业素养。教师们迅速、准确地掌握和运用信息化社会提供的便利条件能力，让网络资源为教师职业发展提供帮助，让教师们通过学习了解教育行业发展趋势、学科前沿信息、教育事业发展等，通过信息化手段达到更好的学习和交流效果。

（四）培养教师教育教学实践力与素养

教师的实践性是培养师资的有效途径。从实际需要出发，通过个体和群体的单位模块开展相应的教学活动，能够促使教师更好地发展专业化。教学研修起到了非常重要的作用，教学研修主要是通过教师群体，根据教学实践目标，通过结合教育理论，反思和调整教学教育活动，提出教育新模式的可行性建议和方案。研修活动能够为教师提供理论和实践的桥梁，让教师把理论的掌握进行一定实践，通过实践结果确定掌握的理念是否正确，并通过不断的调整让自己的教学模式更加优化，在案例中能够提高自己的知识，掌握能力和教学理念，让职业发展更加坚实。

学校可以开展一些教研活动或研修活动来帮助教师们进行专业化发展，让教师们形成终身学习的意愿和能力，通过参加教学活动和科研活动实践，来增加自己对优化教学模式的使命感。年轻的新教师需要通过支持和指导才能更好地适应自己的角色。针对这种情况学校可以采用个别指导的方式，引导新教师们尽快适应角色，并通过集中培训，为教师们开展专题讲座、案例教学、点评，通过观摩其他教师的讲课、课件制作培训等形式为教师提供一些教学参考，弥补他们的经验不足，让其知识转化成实践能力。这种个别指导可以采用教师一对一引领的方式，有针对性地指导年轻教师教学，通过对话问诊、案例指导、监督检查等方式，让教师们熟悉日常工作，尽快完成教师角色身份的转变。

中青年教师已经是发展期的教师，他们需要提高总结能力和反思能力，其中，提高自己的研究能力是中青年教师的主要职责。中青年教师可以通过一些交流活动和教学研究讨论活动，进行反思能力的训练，提高自己的终身发展意识和自我觉察水平。成熟学者或专家教师这类群体拥有独特的教学体会和丰富的经验积累，这类教师应该注重提升他们的教学风格和学生情感需求方面的技能，通过灵活的教学方式更好地引导学生们自主学习和研究探索。此外，在资源的运用、激发知识的探索能力方面，要做好对年轻教师的引导，同时也可以在教师研究探讨的过程中，形成引领。在知识的探索能力方面，要做好对年轻教师的引导，同时也可以在教师们研究探讨的过程中，形成引领、帮助、体验、提高的发展模式。

（五）发展教师的科学研究能力

教学有一个重要的伙伴就是研究，研究对教师的发展也十分重要。教学的实践需要从理论上引导和传授知识，而教学的研究开展是教师素质培养和发展的根基，也是当今时代对教师角色的迫切需求。教师们对自己的学科研究侧重各有不同，这就要求学校特殊考虑管理和激励制度等方面，为教师们的科研环境创造良好氛围，并充分调动教师积极性。学校也需要整合和组织教师团队，让跨学科团队形成优势互补、合力发展的局面，在拓展新的研究领域和建设教师团队科研创新成果方面，形成创新合作模式，学科交叉发展和渗透的研究也能够让教师团队更具有合作意识。

学科的专业化和实践开展两方面为课题研究打下良好基础。高等教育现在已经进入了大众社会，这就对研究提出了普遍性的要求，比如，师范学校对教师教育模式的探讨，应该更适应当下社会对人才需求的要求进行相应的调整，这些具有针对性的研究方向，能够让教师们结合社会的需求进行相应探讨和深入研究。这也能够让教育改革对社会更有意义，同时教师能拥有各自不同的研究领域和兴趣，这也能够让他们在研究当中具有一定驱动力，在探索新的知识体系的同时，增强自身的素养和能力，并为社会提供人才需求补给，形成良好的循环模式。

当今的社会教育是一个值得全社会共同探讨的课题，高等教育的普及为教师团队的建设提出了更高的要求。具有专业化知识结构的教师人才已经成为全社会关注的焦点。目前，我国的教师培养机制已经在逐渐向多元化发展，教师也逐渐向适应终身学习和不断提升自身知识结构、优化教学模式的方向转变。教师的成长原动力是教师对个体自主发展的认识，同时这种认识的培养离不开学校对教师队伍的建设。因此，学校需要为教师们打造出良好的成长环境，通过有效的激励机制和评价检查制度，在增强教师们专业素养和职业训练的同时，引导他们培养自主发展意识，让自身发展计划目标成为每位教师职业发展的个人目标。通过教师个体进修和集体培养等方式，让教师们更加成熟专业，在学科内迅速成长。

二、教师发展的策略

（一）教师发展的制度保障

1.制定教师培养标准

制定教师培养标准有两点益处：一是可以帮助教师按照培养标准不断地前行、不断地进步；二是可以帮助教师通过标准对比自身发展状况，找出自身发展的不足、改正不足，在专业上不断地成长。我国高校教师的培养标准目前只存在原则性的相关要求，例如，在《我国高等学校教师试行条例》中明确规定：高等学校的教师，首先要具备职业道德、遵纪守法，能够成为学生的表率，除了基本的教书育人能力外，还要能够承担教师职务的相关职责；《中华人民共和国的高等教育法》中也有规定：高等学校教师应该有良好的专业学科基础，而且应该具备教学和展开科学研究的能力。但是这些标准只是原则上的要求，具体的规范性不足，这不利于教师的专业成长。我国的高等学校教育管理部门还应该制定出统一的教师培养标准，在细节上进行科学合理的规定，使培养标准更加标准化[1]。

2.构建教师发展评价体系

构建教师发展评价体系应该以教师的专业培养标准为基础，教师发展评价体系代表的是教师的发展目标、发展导向，可以有效促进并激励教师积极成长。但是目前我国高等学校内的评价机制很少涉及教师的发展评价。该体系可以对教师产生深远的影响，使教师长远受益，因此，应该构建以教师培养标准为目标导向的发展评价体系，指导教师不断地成长、不断地进步。在具体构建教师发展评价体系时，可以从以下三方面着手。

一、评价理念。评价理念应该结合奖惩性和发展性的原则。奖惩性的原则

---

① 李燕.新时期高校教师能力培养与专业化发展探究[M].成都：四川大学出版社，2018.

涉及教师的个人利益，强调教师的教学效果，加入奖惩性原则可以提高教师对教学工作的积极性，有利于促进和驱使教师向着专业目标发展，提高教师的工作士气。与此同时，也提高了教学品质。发展性的原则强调教师未来的专业发展目标和发展方向，发展性原则的加入能够为教师的专业发展指明方向，让教师对照发展标准不断地改进自我发展中的问题，找到更适合的发展策略，也能够体现教师对未来发展的关注和关切，因此在构建教师发展评价体系时，应该结合奖惩性原则和发展性原则。

二、评价形式。评价形式应该兼顾阶段性评价和全程性评价。阶段性评价体现在：不同的教师会有不同的发展阶段，应该根据教师发展的不同阶段制定评价标准，不能以点概全，应该仔细研究教师发展的整个阶段，并针对不同的阶段设定适合该阶段的评价标准，此外，也应该设立阶段发展目标和阶段进修计划。全程性评价体现在：教师发展评价体系是一个整体的过程，虽然有阶段发展目标和阶段进修计划，但是各个阶段的结果并不是孤立的，而是相互联系的。应该将各个阶段的结果联系起来，形成对教师发展评价的全程性评价结果。阶段性评价和全程性评价对教师的发展评价体系至关重要，因此在制定评价体系时，应该兼顾两种评价形式。

三、评价内容。国内高校的教师专业评价体系在评价内容方面主要有两个问题：一是过于关注教师科学研究方面的成果，评价内容有失偏颇，忽视了教师的教学以及专业水平，导致国内的高校教师片面追求科学研究成果；二是过于注重考核教师的研究数量，忽略了对研究质量的评价，导致很多高校教师片面追求研究数量，而忽略了研究质量。因此，在构建高校教师评价体系的过程中，应该改善以往评价注重科研、论文、专利、书刊的发表数量和获奖数量的弊端，向教师专业品质和专业教学成果方面倾斜，并按照教师评价标准制定评价内容，将评价内容精细化、均衡化，促进教师的专业教学和科学研究共同发展、协同发展。

（二）教师发展的组织支持

1.将导师制与助教制落实到位

在教师发展的过程中，应该落实导师制和助教制。二者其实就像一个物体的两方面，是相辅相成的关系。之所以这么说是因为在经验丰富的教师和青年教师进行结对的过程中，经验丰富的教师是青年教师的导师，可以指导青年教师的全方位发展；而青年教师则是经验丰富教师的助教，可以帮助导师寻找教学资源、批改教学作业等，二者互相成就。这种组合模式主要的优点是具有针对性、效率高，对导师和助教都是有利的。二者的结合对青年教师的培养来说，可以加快培养时间、培养速度，是非常有效的培养途径。

但是在导师制度和助教制度实施的过程中，并没有完全发挥出制度的优势，究其原因发现主要有两方面因素：首先，导师和助教的结合制度缺乏制度理论的研究，没有指明制度当中导师具体负责的指导内容、指导途径，制度本身缺乏保障措施；其次，在导师和助教的结合制度当中，没有明确划分导师和助教的职责，在具体的应用过程中存在权利界限、义务界限、责任界限方面的冲突①。

因此，为了更好地推进导师和助教的结合制度，加快青年教师的发展，需要做到以下几点。

第一，加强制度的理论研究工作，要明确指导方式以及指导的内容，指导方式和指导内容是导师制的关键；与此同时，应该建立保障措施，真正地形成、规范和完善导师制和助教制。

第二，明确导师制度和助教制度各自的职责范围，职责的明确有助于避免工作内容上的冲突，制度是开展导师和助教合作模式的基础和保障，在此基础上，为青年教师配备具有丰富教学经验、高科研水平的导师，并为青年教师制订有针对性的培养内容、培养计划、培养方向，主要是针对青年导师的知识水平、知识储备、技能水平、道德水平进行综合指导；而且通过导师和助教之间的友好合作和交流，助教可以从导师那里获得专业发展的建议，如果工作中遇到教学难题、课业难题，也可以寻求导师进行实践指导，解决问题、提升能力，制度的保障可以为青年教师获得稳定的发展时期，在这个时期内可以储备知识、积累经验，为之后独立开展工作和科研打好坚实基础。

第三，建立健全监督机制和评价机制，导师制度和助教制度的真正落实和实施，需要监督制度保驾护航，也需要评价制度评价结果、鉴定结果；除此之外，也可以设立考核制度，定期检查导师和助教之间的合作，并将检查结果纳入考核体系中，如果助教的考核结果不合格，那么应该延长助教的时间，要确保导师制度和助教制度能真正提高助教的能力和水平。

---

① 傅雷鸣，王兆烨，陈一飞.教育大数据背景下高校教师专业发展的新途径探究[J].中国成人教育，2020，（1）：80—82.

2.完善教师讲课比赛活动

开展教师讲课比赛活动有助于提高教师工作的主动性，也能够在这个过程中提高教师的教学水平，但是教师讲课比赛活动容易出现一些问题，如何解决这些问题，可以从以下方面进行分析。

第一，强调比赛的准备过程。从目前的情况来看，教师参加讲课比赛活动目的是获得好的比赛结果，对过程的关注少之又少，而且一般情况下教师独立开展讲课准备，课程准备过程也只针对参赛的这节课，和平时上课过程之间存在一定差距，因此为了更好地发挥讲课比赛活动的意义，应该注重比赛过程的准备，而不是强调比赛的结果。首先，学校应该积极宣传比赛活动，争取覆盖所有教师；其次，报名参加活动的教师应该以团队或者小组为报名单位，虽然只有一位讲师进行讲课展示，但是这位教师的准备过程应该是有团队的，应该有其他教师做指导和辅助，在这个团队中应该由经验丰富的老师进行过程准备指导，也应该有青年教师为课程准备带来活力，通过团队的共同努力，设计出精彩的课程，这样的参赛形式有助于锻炼每位教师。

第二，强调授课内容及学习成效。在高校讲课比赛过程中，有些教师为了获得更好的比赛结果，往往比较关注课堂的表现力和课堂的感染力，进而忽视了授课内容。对于高等教育来说，教师在课堂中主要进行的是知识的传授，对知识往往是探究形式的教学，要教给学生知识的结构系统，并对知识进行科学深入的分析。高等教育学生学习内容的特殊性决定了高校教师不能过多关注课堂的表现力及感染力，应该注重内容的传输和梳理，关注学生的学习成效。大学课堂也可以是精彩的，但是它的精彩不在于课堂气氛和教师的感染力，而是在于如何将深奥的知识用浅显的道理讲明白，让学生学会，因此高校开展的讲课比赛活动也应该强调授课内容和学习成效。

第三，强调点评，并且记录点评内容。点评环节是讲课比赛的重要组成部分，教师可以根据点评意识到讲课过程中存在的问题，反思和改进讲课过程中的问题，就现在教师讲课比赛活动来看，点评环节容易被忽视。被忽视主要体现在：很少有人重视点评环节，也不会记录点评内容，教师在比赛活动结束后无法找到点评依据，因此讲课中存在的问题也会被忽视。因此，为了使讲课比赛活动发挥出更大的效用，必须强调点评环节，并记录点评内容，将点评内容及时反馈给参赛教师。除此之外，在开展讲课比赛活动前，学校应该科学合理地安排比赛评委，保障点评是有说服力、有权威性的。一般评委主要包括本专业的教师、教学小组的成员以及学校的优秀教师。

第四，增加奖励的程度。高校开展教师讲课比赛活动，为了更好地达到比赛活动效果，对比赛的前期推广过程、环节设计都是精心、细心的，但是，却忽略了比赛之后的环节设计，忽略了对优秀教师的奖励和表彰。很多学校开展教师讲课比赛活动都不注重对教师发放奖励，无论是精神上的奖励还是物质上的奖励都比较匮乏，这难免会打击教师对讲课比赛参与的积极性。因此，为了更好地引导教师参与教学工作，应该对优秀教师提出精神表彰和物质奖励。首先，提高物质奖励的力度，吸引教师对活动产生兴趣；其次，对教师进行精神上的表彰，比如，在教师的年终总结中对优秀教师进行荣誉表彰，督促更多教师积极参与教学活动，营造良好的高校教学氛围。

3.个性化教师培训

开展个性化的教师培训可以有效促进教师的专业发展。目前我国国内的高校基本都推行了教师培训。教师培训可以提高教师的专业水平，也能够加快教师的专业发展，实现专业发展目标。随着我国社会的发展和改革开放，教育培训体系逐渐形成，而且也加快了教师培训相关的制度、机构和网络建设，也不断地创新培训的内容和培训形式，并取得了相对优秀的成绩。但是也存在问题，比如，教师培训过于注重学历，缺乏长远的规划；培训范围和培训形式的确立条件不明确，忽略了教师个人的培训需求，没有实现实践教学培训的全覆盖。

高等学校的教师职业更偏向于学术型。学术型的教师的特点是文化层次比较高，有自己的审美和身为教师的责任感，自我意识比较强烈，有充分的自律能力，因此高校的教师普遍具备独立安排教学计划、自我管理、自我评价、自主选择学习内容的能力。因此，高等院校应该针对教师展开个性化的培训，满足教师不同的发展需求，明确培训内容、培训途径和培训目标。

（三）教师发展的内部动力

1.增强自主发展意识

教师发展需要有自主发展意识，开展高校教师的专业发展工作需要增强高校教师个人的发展意识，发展意识决定了能否实现自主发展，如果没有发展意识，那么无论为教师发展提供多么良好的外在环境，也无法促进教师自我发展；如果存在自主意识，那么教师会在自主意识的作用下，向外拓展出更宽广的发展空间。从目前我国高等教育院校的情况来看，高校教师的自主发展意识比较欠缺，甚至是教师专业自主发展的重大阻碍因素，因此高校应该培养教师的自主意识，帮助教师认清自身发展目标，不断拓宽自己的能力范围。

第一，应该重视教师的专业发展理论知识。理论知识有助于教师形成自主发展意识，对教师形成自主发展的价值观有巨大的影响，甚至可能会影响教师未来的专业发展方向，教师的职业发展过程也是教师自身的成长，是不断地完善自身的思想认知的过程。只有这样，才能完成作为教师的使命感、责任感，因此，高校教师必须加强教师专业发展理论知识学习，通过学习理论知识培养自身的发展意识，提高发展能力。

第二，应该培养教师的规划意识。教师的专业发展应该有规划、有意识，应该有专业发展规划，通过规划可以制定出教师专业发展各个阶段所需要完成的目标，确立完成目标的方式，将规划作为具体的发展结构框架，不断地引导教师向着发展目标前进。在教师的规划中，应该包含教师对自我的分析、对环境的分析，也要明确发展目标、发展策略。首先，教师对自我的职业规划应基于自我的实际需要和自我的专业水平，只有全面地了解自我，才能针对自我的能力和专业兴趣制定自我发展规划，明确自我发展目标，选择适合自我的发展方式；其次，要对环境展开分析，主要分析学校资源、学生状况以及学生的需求，分析环境因素有助于教师找准发展方向，抓住适合的发展机会，教师也可以通过对环境的分析有效地利用学校提供的资源，并结合学生和学校对教师发展需求，确定自身的发展规划；再者，要明确发展目标，只有确定了目标才能有前进的动力，才能不断地刺激自我向着发展目标前进，换言之，发展目标是工作和前行的动力；最后要明确发展策略，发展策略决定了教师的发展目标能否实现，教师应该根据自我的需求制定发展策略，科学有效地朝着发展目标前进。

2.通过教学反思提高教育智慧

教学反思属于教师的自我反省过程，通过反思自我教学行为可以找出自我教学过程中的优点和缺点，通过不断改善缺点、优化优点提升教育智慧，并且运用教育智慧开展新的教学活动。教学反思有助于提高教师对教学活动的积极性，也能够促进教师专业快速发展，是否拥有教学反思的能力是衡量教师是否优秀的标准，通过反思可以提高教育智慧。教育智慧对于教师的教学、科学研究以及社会服务都有重要的影响。反思过程有助于教师掌握教学的规律、拥有教育创造力、对教学的灵敏反应能力以及对教育工作的灵活运用能力。教育智慧需要通过教学活动不断地累积，通过反思可以对教育工作产生更深刻的认识，积累更多的教育经验，进而形成更多的教育智慧。教育智慧是教师成长的催化剂，有助于教师快速积累智慧，因此应该重视培养教师的反思能力，通过不断地思考成为更加优秀的教育者。

展开教学反思的途径有很多，比如，写教学反思日记、教学反思案例、开展教学反思的叙事研究以及教学反思行动研究等。教师可以根据自我的需求，选择适合自我开展教学反思活动的方式，在教学反思的发展过程中，随着发展的深入，反思会由个人形式向集体形式发展。教学反思是高校教研活动的一种，可以通过开展教学反思谈话、教学反思活动观摩以及评价教学反思日记等活动促进形成集体反思能力，而且集体反思有助于大家分享和交流反思经验，有助于形成集体的教学智慧，进而促进整体提升教学水平。

处于不同发展阶段的教师的教学反思内容也不同。对于青年教师来讲，他们的发展问题主要是教学经验匮乏，因此对于青年教师来讲教学反思应该侧重于积累教学经验，提高教学技能；对于适应型的教师来讲，这类教师基本已经掌握了教学方法和教学策略，并且有了一定教学经验，那么这类老师在反思时应侧重区分教学情境、辨别教学情境、重视教学策略，比如，应该侧重于反思教学中的语言策略、课堂组织策略、教学评价策略；对于已经成熟的教师来讲，他们已经积累了相当多的教学经验，他们存在的问题是是否具备打破传统教学经验的勇气，并缺乏对教学经验的总结和升华，因此成熟型教师在反思时应该侧重反思自我的教学理念，勇于突破传统的教学模式；对于专家型的教师来讲，他们已经形成了浓厚的自我教学风格，而且他们的教学经验已经足够支撑他们对教学展开自我研究，解决自我教学中发现的问题，因此专家型教师反思应侧重于反思教学结果和教学预想之间的偏差，反思如何精准把握教学规律，推动教学创新。

结束语

　　当代大学生的个性、思想、价值取向等方面均呈现出很多新的特征，给高等院校的大学生思想教育管理工作带来了许多新的挑战。本书通过构建思想教育工作中师生成长共同体，树立共同成长理念，基于相互协作式研学成长、互相促进式实践成长、携手共进式生涯成长等路径，促进高校教师与大学生互相学习、互促互进、共同成长，既能更好地实现教师自身职业素养的提升，又能促进大学生综合素质的提升和成长成才，从而达到思想教育结果的双赢。

参考文献

一、著作类

[1]冯刚，王树荫.思想政治教育研究热点年度发布.2017[M].北京：团结出版社，2018.

[2]付鑫，张亮.大学生思想政治教育[M].成都：电子科技大学出版社，2017.

[3]黄明伟.大学生网络思想政治教育实施要素研究[M].北京：新华出版社，2007.

[4]靳玉军，周琪.思想政治教育学原理[M].重庆：西南大学出版社，2015.

[5]李红，张喜阳.思想政治教育实务[M].天津：天津人民出版社，2016.

[6]李延绍，韩富贵，闫江涛等.新课程与教师的教育思想[M].武汉：武汉理工大学出版社，2003.

[7]李燕.新时期高校教师能力培养与专业化发展探究[M].成都：四川大学出版社，2018.

[8]骆郁廷.思想政治教育原理与方法[M].北京：高等教育出版社，2010.

[9]牟波，张群才，吴柱新.大学生成长方略[M].北京：航空工业出版社，2017.

[10]欧阳光磊.大学生发展导航[M].武汉：华中师范大学出版社，2010.

[11]王历荣.高校大学生思想政治教育实践创新研究[M].成都：电子科技大学出版社，2017.

[12]王路娟.高校思想政治教育管理与建设研究[M].北京：新华出版社，2017.

[13]王玄武，骆郁廷.思想教育、政治教育、道德教育比较研究[M].武汉：武汉大学出版社，2002.

[14]魏超，陈璐颖，白雪.微博与微信[M].北京：企业管理出版社，2015.

[15]徐崇文.师生成长共同体构建与实践探索[M].济南：山东友谊出版社，2014.

[16]徐建军.大学生网络思想政治教育理论与方法[M].北京：人民出版社，2010.

[17]张光慧.大学生网络思想政治教育机制创新研究[M].北京：中国言实出版社，2009.

[18]张世欣.思想教育规律论[M].杭州：浙江大学出版社，2008.

[19]张耀灿，陈万柏.思想政治教育学原理[M].北京：高等教育出版社，2007.

[20]赵志军.思想政治教育管理学[M].北京：中国社会科学出版社，2009.

二、期刊类

[1]董兴彬.网络思想政治教育价值实现问题研究[D].成都：电子科技大学，2014.

[2]傅雷鸣，王兆烨，陈一飞.教育大数据背景下高校教师专业发展的新途径探究[J].中国成人教育，2020，（1）.

[3]龚放.大学"师生共同体"：概念辨析与现实重构[J].中国高教研究，2016，（12）.

[4]蒋礼文，皮锋.大学生成长目标导航路径设计[J].教育与职业，2016，（19）.

[5]孔国庆，王灿，宋军丽."人的完整性"视域中的大学生成长评价[J].黑龙江高教研究，2013，31（10）.

[6]李昌郁.网络思想政治教育过程特点及心理规律研究——评《高校网络思想政治教育理论与实践》[J].新闻爱好者，2019，（1）.

[7]刘和林.新建本科院校师生共同发展的思考[J].国家教育行政学院学报，2012，（7）.

[8]刘巧凤.高等教育大众化时代我国大学生成长新特点探究[J].教育探索，2011，（4）.

[9]刘薇薇.高校大学生网络思想政治教育创新研究——评《高校网络思想政治教育研究》[J].高教探索，2019，（4）.

[10]刘信阳，何云峰.论高校"师生成长共同体"[J].高等农业教育，2014，（4）.

[11]吕冰，陈云，熊飞.基于学习共同体的师生发展研究[J].教育评论，2019，（9）.

[12]穆亮红.新媒体环境下大学生网络思想政治教育的创新思考[J].河北软件职业技术学院学报，2018，20（01）.

[13]聂惠娟.扎实开展研究性学习活动促进师生共同发展[J].教育理论与实践，2009，（11）.

[14]任欢欢.主体间性：师生共同体发展的内在逻辑[J].中国教育学刊，2016，（12）.

[15]宋传盛.新时代青年大学生文化自信培育探析[J].学校党建与思想教育，2019（10）.

[16]宋晔，刘光彩.师生共同体的伦理审视[J].东北师大学报（哲学社会科学版），2020，（2）.

[17]孙定义.大学生网络青年自组织的思想政治教育研究[J].教育与职业，2013，（14）.

[18]夏纪梅.构建"师生学习共同体"的要素与方法[J].中国大学教学，2018，（3）.

[19]许崇文."师生成长共同体"的研究与探索[J].当代教育科学，2013，（2）.

[20]闫震普.师生命运共同体的内涵、意义及构建策略[J].教学与管理（理论版），2019，（1）.

[21]杨丽丽.新媒体视阈下高校师生共同体建设研究[J].广西社会科学，2018，（3）.

[22]杨丽丽.信息化教学推动高职院校师生共同体建设[J].教育与职业，2019，（23）.

[23]姚维纲.师生发展共同体的实践探索[J].思想理论教育（下半月行动版），2010，（10）.

[24]赵丽敏.师生合作学习——现代教学的发展方向[J].天津教育，2002，（9）.